FLENSBURGER HEFTE

Biographiearbeit II

Grundlagen – Praxis – Ausbildungen

Liebe Leserinnen und Leser!

Im Dezember 1991 erschien das FLENSBURGER HEFT 31 „Biographiearbeit", das seither – in weniger als zwei Jahren – über 15.000 mal verkauft wurde und somit eines der meistverkauften anthroposophischen Bücher der Jahre 1991 und 1992 ist. Die Biographiearbeit hat seit dem Erscheinen des Heftes sprunghaft an Popularität gewonnen. Sie wird verstärkt nachgefragt, sei es in Form der Einzelberatung oder durch Teilnahme an Biographieworkshops. Durch die lebhafte Beschäftigung mit dem Thema tauchten auch weitergehende Fragen nach den Grundlagen der Biographiearbeit, dem Berufsbild, nach bestehenden und weiterhin zu entwickelnden Ausbildungen auf. Das vorliegende Sonderheft Nr. 10 geht diesen Fragen nach, die unter verschiedenen Aspekten derzeit diskutiert werden: Welchen Anteil an der Qualifikation des Biographiearbeiters haben die drei Komponenten Fachwissen, persönliche Lebenserfahrung und Schulungsweg? Inwiefern kann die Qualifikation durch eine Ausbildung vermittelt und erreicht werden? In welchem Verhältnis stehen Methodik und Begegnung? Wo liegt die Abgrenzung zur Kompetenz anderer Berufe, wo die sinnvolle Ergänzung und Zusammenarbeit? Das vorliegende Heft liefert einen Diskussionsbeitrag zu diesem gesamten Fragenkomplex.

Mathias Wais geht im eröffnenden Artikel der Frage der Berechtigung der Biographiearbeit nach und untersucht die Kriterien der Qualifikation des Biographiearbeiters. Das folgende Interview mit ihm ergänzt diese Ausführungen im Hinblick auf die Einzelberatung und das Spannungsfeld zwischen Methoden und freilassender Offenheit. Es zeigt, daß das Wesentliche in der Beratung die Begegnung ist. – Das Interview mit Gudrun Burkhard widmet sich der therapeutischen und hygienischen Biographiearbeit – insbesondere der Gruppenarbeit – und der Verbindung zum Medizinischen. – Hans Schauder schildert in seinem Interview den Schulungsweg als Quelle der Beratungsarbeit und die Bedeutung der inneren Haltung des Beraters. – Das Interview mit Michael Petrovic gibt ein lebendiges Bild seiner Sozialarbeit mit einer hauptsächlich nichtanthroposophischen Klientel und vom Wert der eigenen Lebenserfahrung. – Wolfgang Gädeke erläutert die Begriffe „Sünde", „Sündenkrankheit" und „Schuld". Er zeigt, daß die Schuld zur Natur des Menschen gehört und die menschliche Konstitution mit der Sündenkrankheit – auch Erbsünde genannt – behaftet ist. Er weist auf die Heilungsmöglichkeiten von Seelsorge und Religion hin. – Im Interview mit Peter Petersen erfolgt eine Gegenüberstellung zur Psychotherapie bzw. Psychoanalyse. Er geht auf die Relativität der Begriffe „Krankheit" und „Gesundheit", auf die Innenwelt des Menschen und die Frage der Verwandlung ein. – Christine Pflug beschreibt in ihrem Artikel die verschiedenen Möglichkeiten der Biographiearbeit. – Den Abschluß bilden Praxisberichte zum persönlichen Erleben der Biographiearbeit und Hinweise auf einige Ausbildungsmöglichkeiten.

Erarbeitet und zusammengestellt wurde das Heft von Christine Pflug und Mathias Wais, wofür wir ihnen herzlich danken.

Es grüßt Sie Ihre FLENSBURGER HEFTE-Redaktion

Aus dem Inhalt

Mit welcher Berechtigung machen wir Biographiearbeit?

Mathias Wais*

Wer als Biographieberater tätig ist, befindet sich in einer außerordentlich privilegierten Situation. Der Biographieberater, der aus dem anthroposophischen Menschenbild heraus Menschen in Lebenskrisen, an biographischen Wendepunkten, in Phasen des Übergangs und der Neuorientierung berät, tut etwas, das es noch gar nicht gibt. Es gibt nicht *die* Biographiearbeit sowie es eben *die* anthroposophische Heilpädagogik, *die* Waldorfpädagogik usw. gibt. Indem wir Biographiearbeit machen, entsteht der Arbeitsbereich Biographiearbeit erst. Wenn wir in der Waldorfpädagogik arbeiten, tun wir etwas, dessen Grundlinien durch Rudolf Steiner gegeben wurden und in das man sich hineinstellen kann, weil man es als richtig erkannt hat. Das ist nicht die Situation, die wir in der Biographieberatung haben.

Wir haben in der gerade erst, ohne Rudolf Steiner entstehenden Biographiearbeit deswegen eine bestimmte Verantwortung, die zu der Verantwortung für den Ratsuchenden hinzukommt. Es geht um die Verantwortung gegenüber dem Aufgabenbereich der Biographieberatung und Biographieforschung selbst. Wir lassen hier innerhalb der anthroposophischen „Szene" etwas entstehen, von dem wir gar nicht wissen, wie es im Gesamtzusammenhang des Impulses steht, der durch Rudolf Steiner durch die Anthroposophie gegeben ist. Aufgrund dieser Verantwortung einem Sachverhalt gegenüber, den es erst keimhaft und in noch keineswegs klaren Umrissen gibt, müssen wir uns die Frage stellen, inwieweit es überhaupt berechtigt ist, Biographiearbeit anzubieten. Aus welchen Qualifikationen darf man das?

Ausbildungen zum Biographieberater im deutschsprachigen Raum sind am Entstehen, längere Erfahrungen hat man damit in England und den Niederlanden (siehe dazu „Ausbildungen" in diesem Heft, Seiten 157 ff.). Einzelne Gesichtspunkte, die für die Biographiearbeit relevant werden können, werden im deutschsprachigen Raum an den verschiedenen Bildungseinrichtungen, auch in Dornach, angeboten.

Eine typische Situation: Ein Biographieberater wird angerufen, sagen wir von einem Waldorflehrer, der in der Lebensmitte einen Neuanfang sucht und durch verschiedene Publikationen auf das Gebiet der Biographiearbeit gestoßen ist und nun den Impuls hat, diesen Neuanfang darin zu finden. Er bittet den Biographieberater um ein Gespräch, in dem dieser ihn in seine „Methoden" unterweisen möge.

---

* Zum Autor siehe die biographische Notiz vor dem folgenden Interview, Seite 12.

Eine „Marktlücke"?

Nun kann man sich darüber freuen, daß in den letzten Jahren, besonders seitdem verschiedene anthroposophische Zeitschriften über diesen Arbeitsbereich berichten, das Bedürfnis nach Biographiearbeit innerhalb der Anthroposophen- und Waldorfszene enorm angestiegen ist. Um es etwas trockener zu sagen: Da war innerhalb unserer Zusammenhänge offenbar eine Marktlücke. Oder um es freundlicher zu sagen: Es wird empfunden, daß dasjenige, was außerhalb unserer Zusammenhänge als Beratung und Psychotherapie angeboten wird, möglicherweise nicht umfassend genug oder nicht tief genug greift, weil es sich zum großen Teil an isolierten Problemen oder Symptomen festmacht. Aus solchen Erfahrungen oder auch Vorurteilen heraus wird es als angenehme Bereicherung empfunden, daß wir mit der Biographiearbeit jetzt eine Hilfe für Lebenskrisen und biographische Krisen haben, die innerhalb der Anthroposophie steht. Das ist schön, daß das so gesehen wird; der Zulauf von Klienten zur Beratung ist enorm; und eben auch die Zahl der Menschen, die sich von diesem Arbeitsbereich angesprochen fühlen und selbst biographisch beratend tätig sein wollen, nimmt sprunghaft zu.

Aber weil es eben noch keine etablierte Ausbildung, keine formalen Kriterien und weil es noch keinen Konsens gibt, was eigentlich Biographiearbeit ist, sollten wir eine besondere Sorgfalt auf die Frage richten: Wann ist ein Mensch berechtigt, Biographiearbeit, Biographieberatung anzubieten?

Um uns dieser Frage in fruchtbarer Weise zu nähern, scheint es sinnvoll, zunächst einmal eine Wertung, die naheliegt, auszuschließen. Die Wertung, es muß eine Ausbildung und einen Ausbildungsplan geben, da müssen Kompetenzkriterien erarbeitet werden und man muß sich eben einig werden, worin Biographiearbeit besteht – mit dieser Wertung sollten wir zumindest nicht anfangen. Der Frage nach der Qualifikation können wir damit frei von der Suche nach formalen Kriterien nachgehen. Eine solche Wertung brauchen wir im Moment also nicht. Aber worin können wir nun die Kriterien finden?

Die Kriterien der Qualifikation in der Sache selbst suchen

Es liegt nahe, die Kriterien in der Sache selbst zu suchen. In der Lebens- und Biographieberatung sitzen zwei Menschen beieinander, der eine hat eine Frage, ein Problem, eine Sorge, und der andere führt das Gespräch nun dahin, daß der Ratsuchende wenn nicht zu Lösungen kommt, so doch in seinen Fragen und Sorgen einen Schritt weiterkommt. So könnte man meinen. – Aber so ist die Situation nicht. Vielmehr ist die Situation die, daß da gemeinsam etwas Neues entsteht: Der Berater kommt, wenn er sich nicht an seinen Erfahrungen und seinem Fachwissen festhält, sondern sich persönlich ansprechen läßt, genau in die gleiche Frage hinein, mit welcher der Klient kommt. Auf die das Erstgespräch abschließende Frage des Klienten, der sein Problem nun dargestellt hat, „Und was soll ich jetzt machen?", kann es nur eine wahrhaftige Antwort seitens des Beraters geben: „Das weiß ich auch nicht."

Ratlosigkeit und Offenheit

Es ist nicht erheblich, ob dieses „Das weiß ich auch nicht" so ausgesprochen oder nur innerlich empfunden wird. Wichtig ist, daß der Berater sich angesichts des vorgetragenen Problems genau in die gleiche Ratlosigkeit hineinfindet, in die gleiche Offenheit und Fragehaltung, in der der Klient sich angesichts seines Problems befindet. Und *jetzt*, an dieser Stelle, können ein Gespräch, ein Austausch, eine Begegnung beginnen, die, wenn es gut geht, im Laufe von Wochen oder Monaten etwas Neues entstehen lassen. „Etwas Neues" – das Neue, das den Klienten und den Berater voranbringt. Die Entstehung des Neuen ist nur möglich aus beiderseitiger Ratlosigkeit und Offenheit gegenüber dem Problem, und das Kriterium dafür, daß es tatsächlich etwas gemeinsam gezeugtes Neues ist, liegt darin, daß auch der Beratende dadurch für sein Leben – beruflich oder privat – eine neue Perspektive, einen neuen Impuls, eine neue Herausforderung hat. Das aus beiderseitiger völliger „Leerheit", aus der beiderseitigen Voraussetzungslosigkeit heraus begonnene Gespräch kann dasjenige entstehen lassen, was für beide Gesprächspartner ein Anstoß ist. Ein Gespräch, das nur den Ratsuchenden voranbringt, mag eine gute Therapiestunde gewesen sein. Aber es ist nichts substantiell Neues entstanden. Im voraussetzungslosen Gespräch entsteht etwas, das vorher weder der Klient noch der Beratende gewußt oder gekannt haben. Dagegen ist in der Therapiestunde, in der Psychotherapiestunde, etwas, das der Therapeut kannte, konnte und wußte, gut verwirklicht worden. Das ist natürlich in Ordnung. Aber Biographiearbeit ist etwas anderes.

Damit zeichnet sich für die Frage nach der Qualifikation des Beraters ein erstes, vielleicht zunächst paradox erscheinendes Kriterium ab: Er darf in dem Moment, wo er Klienten berät, nichts wissen und nichts können. Er muß in die Situation kommen können, in weitestgehender Voraussetzungslosigkeit auf den Klienten bzw. auf sein Problem zuzugehen. In dieser dann freien Situation können zwei Menschen sich begegnen. Und eine solche Begegnung setzt Wandlungskeime frei.

Biographiearbeit ist immer etwas Gegenseitiges

So können wir empfinden, daß uns als Berater gerade die Klienten geschickt werden, die wir benötigen, um beruflich, aber auch in persönlichen Fragen weiterzukommen. Mit anderen Worten: Die Biographiearbeit ist immer etwas Gegenseitiges (auch wenn dem Klienten das so nicht bewußt ist).

Wie kommt man nun zu der beschriebenen Voraussetzungslosigkeit? Der geeignete Weg scheint mir der Schulungsweg zu sein, wie er für jedermann zugänglich niedergelegt ist. Und zur Genüge ist bekannt, daß der Schulungsweg niemals zu Ende ist, sondern im Gegenteil immer schwieriger wird. Auch der Schulungsweg des Biographieberaters wird immer schwieriger, je länger er Biographieberatung macht. Dies führt zu einem zweiten Kriterium: Der Berater ist mindestens ebenso ein Fragender und Lernen-Wollender wie der Ratsuchende.

An dieser Stelle können wir die Frage nach der Ausbildung noch einmal anders anschauen. Es kann richtig sein, daß irgendwo eine Ausbildung zur Biographieberatung entsteht. Dort wird man etwas lernen können über die Jahrsiebte (dies fällt Anthroposophen bei dem Stichwort „Biographie" immer zuerst ein), man wird etwas lernen darüber, wie man aus dem anthroposophischen Menschenbild heraus die Lebensmitte sehen kann, wie man Partnerschaften sehen kann, es wird dort über die Gesetzmäßigkeiten der Entwicklung wie zum Beispiel die Mondknoten unterrichtet werden, karmische Gesichtspunkte werden erörtert werden, es wird über den Doppelgänger gesprochen werden etc. etc. Und dann wird es ein Diplom geben, dann „ist" man Biographieberater. – Ich glaube nicht, daß dies zum jetzigen Zeitpunkt das Richtige wäre. Biographieberater „ist" man nicht, sondern man tut da etwas, das man eigentlich noch gar nicht tun kann. Und gerade darin liegt die Chance der Biographiearbeit, daß man sieht, man kann es gar nicht. Und daß man genau deswegen jedesmal in völliger Offenheit in das Gespräch geht. Und daß man schnell merkt, daß irgendwelche „Methoden" der Beratung und der Gesprächsführung zu gar nichts führen.

Natürlich ist es notwendig, sich mit den erwähnten Inhalten (Lebensmitte, Doppelgänger etc.) intensivst auseinanderzusetzen. Aber eine Qualifikation zur Biographieberatung würde eben darin bestehen, dieses Wissen aktuell jeweils wieder vergessen zu können. Dann kann eine Ich-Begegnung entstehen zwischen Klienten und Berater, die eben Voraussetzung ist für das Auftauchen des Neuen. In dem Moment, wo ich etwas anwende, das ich weiß oder gelernt habe, entsteht vielleicht ein guter Ratschlag, aber es wird nichts Neues hervorgebracht.

Die „Nicht-Methode"

Damit ist die Frage nach *der* Methode angesprochen. Es ist zunächst ganz offensichtlich, daß es im Moment *die* Methode nicht gibt. Es ist auch fraglich, ob es für einen einzelnen Biographieberater *die* Methode geben soll. Man erreicht den Wesenskern eines Menschen, sein Urbild, sein höheres Ich, nicht mit „Methoden“. Die Methode, die der Berater vielleicht einmal gelernt hat, vielleicht in seiner psychotherapeutischen Ausbildung, in Beratungskursen usw., gehört zu seinem äußeren Ich. Da wir uns aber als Berater in der Beratungssituation ja gerade frei machen sollen, soweit es eben geht, und versuchen sollen, voraussetzungslos zu sein, würde die Anwendung einer Methode die Begegnungsmöglichkeiten entscheidend einschränken. Eine angewendete Beratungsmethode spricht das äußere Ich, das Alltags-Ich des Klienten an und greift in dasjenige ein, was eben die Gewohnheiten, das Empfindungsleben, das Denken und Vorstellen des Klienten sind. Der eine Methode anwendende Berater oder Psychotherapeut arbeitet mit dem äußeren Ich, dem Alltags-Ich des Klienten. Er macht etwas damit. – Die Nicht-Methode ruft etwas ganz anderes auf: die Aufrichtekräfte, die im Urbild, im höheren Ich des Klienten liegen und aus denen heraus er *selbst* neu in sein Alltags-Ich eingreifen kann.

Es darf in der Biographiearbeit kein Gefälle geben: „Hier bin ich, der Fachmann, und Du, der Klient, empfängst jetzt etwas von meiner Fachkompetenz.“ Vielmehr begegnen sich zwei Individualitäten, die gemeinsam etwas Neues entstehen lassen können, das beide weiterbringt, weil sie, wenn es gut geht, gegenseitig ihr Urbild aufrufen. Ich bin als Berater genauso ein Klient, wie der Ratsuchende mir gegenüber ein Klient ist.

Beurteilungen heraushalten

Natürlich ist das nicht so gemeint, daß ich dem Klienten meine Sorgen erzähle. Im Gegenteil biete ich ihm ein Zuhören an, indem ich in jedem Moment darum ringe, mein eigenes Alltags-Ich, wie es nur irgendwie geht, zurückzustellen. So wird der Berater sich zum Beispiel darin üben, das ihm Dargestellte, die biographischen Phänomene nicht zu beurteilen. Dazu eignen sich zum Beispiel Natur- und Kunststudien sehr gut. In dem Moment, wo ich etwas unter Anwendung zum Beispiel psychologischer Annahmen oder auch unter Annahmen, die sich aus dem anthroposophischen Menschenbild ergeben, einordne, beurteile, in dem Moment ist nicht Begegnung. Auch das würde also zur Qualifikation des Beraters gehören: so gut er nur irgendwie kann, das Beurteilen aus dem Zuhören herauszuhalten. Auch hier ist der entsprechende Schulungsweg nie zu Ende, und er wird immer schwieriger. Je mehr Erfahrungen man macht, um so mehr neigt man natürlich dazu, das Gehörte irgendwie einzuordnen, irgendwie zu beurteilen. Biographieberatung wird deshalb immer schwieriger, je länger man sie betreibt.

Daraus folgt, daß wir nicht einen bestimmten Qualitätsstandard suchen sollten, den man durch eine Ausbildung oder ähnliches erreichen kann, damit man dann auf die Klienten „losgelassen“ werden kann. Vielmehr folgt daraus: Die Qualitäten, um die es hier geht, werden im Laufe des Vorgangs, daß man sich da um etwas bemüht, das dem Menschen eigentlich gar nicht liegt, immer mehr, und sie werden immer schwieriger zu erreichen sein.

Man muß selbst ein Suchender sein

Daraus ergibt sich ein weiteres Kriterium, die Frage der Berechtigung: Die Berechtigung des einzelnen, sich der Aufgabe der Biographieberatung zu stellen, kann nur darin liegen, daß er selbst immer mehr ein Suchender wird und werden will. Das gemeinsame Suchen und Ringen um die Entwicklung bringt uns mit dem Klienten zusammen und keinesfalls ein Beraterdiplom, das es vielleicht einmal geben wird.

Ich weiß nicht, ob es jemanden gibt, der die genannten Kriterien erfüllt. Ich selbst erfülle sie nicht. Es kann nur darum gehen, um das Unmögliche zu ringen.

So wäre man also, wenn überhaupt, berechtigt Biographiearbeit anzubieten, sofern man beruflich und persönlich auf dem Wege ist und sofern man entschieden hat, auf dem Wege zu bleiben. Man ist dazu berechtigt, wenn man weiß, daß man es nicht kann und wenn man mit der Unmöglichkeit der Voraussetzungslosigkeit ringt.

So sollten wir die Frage nach der geeigneten Ausbildung von daher angehen: Was hilft einem Menschen zu suchen, suchen zu lernen, fragen zu lernen, offen zu werden und frei zu werden von Vorkenntnissen und Fachkompetenz, von Schlußfolgerungen aus eigener Lebenserfahrung, auch frei zu werden von Erwartungen und Sehnsüchten und vielleicht auch Befürchtungen, mit denen man ja auch in Beratungsgespräche hineingeht. Wie wird eines Tages eine Ausbildung aussehen, die uns so frei wie möglich von allem Beurteilen und Werten macht? Das ist offen.

Wenn man den hier entwickelten Kriterien etwas abgewinnen kann, dann kann zum jetzigen Zeitpunkt nur jedes interessierte Individuum vor sich selbst prüfen, inwieweit es sich auf solche Kriterien einlassen kann und will. Und dann ist es gut so, daß im Moment nur jeder selbst entscheiden kann, ob er berechtigt ist, Biographiearbeit anzubieten oder nicht.

Wege eines Biographieberaters

INTERVIEW MIT MATHIAS WAIS

von Christine Pflug

Mathias Wais, geboren 1948 in Stuttgart. Abitur an der Werkschule Merz in Stuttgart 1968. Studium der Psychologie, Judaistik und Tibetologie in München, Haifa (Israel) und Tübingen. Abschluß 1976 als Dipl.-Psychologe; 1974–1979 psychoanalytische Ausbildung. Zunächst berufliche Spezialisierung auf Neuropsychologie, auf diesem Gebiet eigene Forschungen und Veröffentlichungen.

Durch die Begegnung mit anthroposophischer Erkenntnisarbeit und mit der Christengemeinschaft Befassung mit biographischen Fragen, Fragen nach dem Wesen des Heilens im Individuell-Biographischen und in der menschlichen Begegnung. Seit 1985 Mitarbeiter an der anthroposophischen Beratungsstelle für Kinder, Jugendliche und Erwachsene in Dortmund. Arbeitsschwerpunkt: Beratung von Erwachsenen in biographischen Fragen und Lebenskrisen.

Autor von „Biographiearbeit und Lebensberatung. Krisen und Entwicklungschancen des Erwachsenen." Stuttgart 1992.

Der Speichen dreimal zehn
Auf einer Nabe stehn.
Eben dort, wo sie nicht sind,
Ist des Wagens Brauchbarkeit.

Man knetet Ton zurecht
Zum Trinkgerät:
Eben dort, wo keiner ist,
Ist des Gerätes Brauchbarkeit.

Man meißelt Tür und Fenster aus
Zur Wohnung.
Eben dort, wo nichts ist,
Ist der Wohnung Brauchbarkeit.

Wahrlich:
Erkennst du das Da-Sein als einen Gewinn,
Erkenne:
Das Nicht-Sein macht brauchbar.

(Laotse)

Dieses Interview ist als Erweiterung und Ergänzung des vorangehenden Artikels von Mathias Wais, „Mit welcher Berechtigung machen wir Biographiearbeit?“ (Seiten 6 ff.), zu verstehen. Jeder kennt das Phänomen, daß, wenn ein Mensch eine Sache mit wirklichem Können durchführt, das nach außen mühelos, im Augenblick neu entstehend und ohne erkennbare methodische Strukturen erscheint. Andererseits ist gerade dafür die Voraussetzung, daß ein gründliches Wissen vorhanden ist und reichhaltige Erfahrungen vorangegangen sind. So gilt auch für die Beratungsarbeit dieses Paradoxon, daß einerseits ein solides Fundament vonnöten ist, andererseits nur aus einer Leere heraus etwas Neues entstehen kann. In der Verbindung und persönlichen Verwandlung dieser beiden Pole kann Biographiearbeit zu einem schöpferischen Geschehen werden.

Methode contra Offenheit?

Christine Pflug: Du sprichst von der Nicht-Methode in der Biographiearbeit, d.h. daß man keine Methode anwenden soll. Was wird denn durch die Methode in der Biographiearbeit bei den Klienten verhindert?

Mathias Wais: Ich habe erlebt, daß die Methode, das kann eine Gesprächsmethode oder auch eine psychotherapeutische Methode sein, das einengt, was zwischen dem Klienten und mir entstehen möchte. Mein Ziel ist es, eine möglichst freie Situation herzustellen, damit das, was der Klient als Urbild oder Wesenskern in sich trägt, für ihn selber erlebbar wird. Es soll für ihn so spürbar werden, daß er daran anknüpfen kann und es als Kraftquelle benutzen kann. Es ist letztlich der Geistkern des Menschen, der da hereinkommen soll, und ich habe die Erfahrung gemacht, daß man das durch Methoden erschweren würde.

C.P.: Könnte man sagen, daß dann zwischen dem Klienten und dem Therapeuten statt dieser Offenheit eine Methode stehen würde?

M. Wais: Prinzipiell könnte das sein, wobei ich nicht sagen möchte, daß man vollständig methodenfrei arbeiten kann. Ich denke, daß man die Methoden so reflektiert und bewußt anwenden sollte, daß dadurch wiederum eine Offenheit und Freiheit entsteht. Man kann niemals Gespräche ohne Methode führen, und letztlich verfolgt man immer irgendwelche Ziele. Aber es kommt darauf an, daß die Situation so geschaffen wird, daß der Klient das, was er wirklich ist, in die Situation einbringen kann.

C.P.: Es ist nachvollziehbar, daß jemand, der sehr viel gelernt hat und sehr viele Methoden kennt, diese dann wiederum auch loslassen kann. Bei einem Anfänger ist es aber andererseits verständlich, daß er sich an bestimmten Methoden festhält, bis er eine gewisse Sicherheit erreicht hat. Erzähle doch einmal, welche Methoden und Kenntnisse Du Dir selbst erworben hast.

M. Wais: Ich bin sehr früh auf die orthodoxe Form der Psychoanalyse gestoßen. Nach meinem Schulabschluß absolvierte ich ein ganz normales Psychologiestudium. Ich habe mich während des Studiums mit der Humanistischen Psychologie und der Verhaltenstherapie auseinandergesetzt und habe am Ende des Studiums eine psychoanalytische Ausbildung angefangen. Ich habe dann das, was man so macht, auch getan: habe verschiedene Kurse und Seminare besucht, einen Kurs für Psychodrama gemacht, Transaktionsanalyse, Kurse in Gesprächstherapie, war in verschiedenen Arbeitskreisen, habe eine Gruppenlehranalyse gemacht. Es war also ein intensives Hineinarbeiten in bestimmte Methoden.

Kausalerklärungen zeigen nicht, um was es eigentlich geht

C.P.: Könnte man das so charakterisieren, daß Du durch viele Methoden und Wege gegangen bist, um hinterher aus alldem ein fruchtbares Chaos entstehen zu lassen?

M. Wais: Ich bin nach alldem berufstätig geworden, habe in Krankenhäusern beraten, psychotherapeutisch gearbeitet und gemerkt, daß ich den Menschen als Ganzes mit allen diesen Methoden nicht erreichen kann. Natürlich waren die Methoden sehr gut, wenn ich bestimmte Aspekte ausgewählt habe: Zum Beispiel konnte ich bei der Eheberatung, wenn ein Paar in die Krise geraten war, methodisch feststellen, durch welche Verhaltensweisen und Abläufe die beiden sich gegenseitig in eine Sprachlosigkeit getrieben hatten. Da ist es zum Beispiel sehr hilfreich, sich das mit *der* Brille anzuschauen, die man durch die Verhaltenstherapie aufgesetzt bekommen hat. Man kann genau auseinandernehmen, wie sich dieses Ehepaar gegenseitig zur Sprachlosigkeit gebracht hat. Andererseits habe ich aber auch festgestellt, daß ich durch diese Kausalerklärungen, wie zum Beispiel die Sprachlosigkeit entsteht, nicht an das herankomme, um was es eigentlich bei diesen beiden Menschen geht.

Ich habe dann gesucht, was mich da weiterführen könnte, und bin zunächst gar nicht auf die Anthroposophie gestoßen, sondern mehr auf östliche Wege und deren Methoden. Ich habe mich dann mit Buddhismus, speziell Zen-Buddhismus, und auch tibetischen Schulungs- und Einweihungswegen beschäftigt. Dadurch habe ich zwar nicht gelernt, wie ich in meiner Arbeit bestimmte Dinge zu machen habe, verstand aber, daß es auf das Loslassen ankommt. Das war mir jedenfalls ganz deutlich. Ich habe dann weiterhin gesucht, was es an solchen Möglichkeiten in dem kulturellen Rahmen, in dem ich hier stand, gibt. Ich suchte etwas, was einerseits den Menschen als Ganzes umfaßt und versteht und auf der anderen Seite einen möglichst freien Zugang zu ihm erlaubt. So bin ich dann auf die Anthroposophie gestoßen. Da waren dann die beiden Ansätze, die ich suchte, miteinander verbunden: auf der einen Seite ein umfassendes Menschenverständnis und auf der anderen Seite die Möglichkeit, wenn ich mich auf den Schulungsweg begebe, dem anderen in möglichst freier Weise zu begegnen.

C.P.: Könnte man das Loslassen auch als ein Opfer bezeichnen? Ich meine damit, daß Du auf etwas verzichtest und es weggibst, damit etwas ganz Neues entstehen kann, was dann eventuell eine Wandlung mit sich führt.

M. Wais: Mit dem Begriff „Opfer“ habe ich ein wenig Schwierigkeiten, weil mein Loslassen der Methoden eher eine Befreiung war.

Loslassen muß erarbeitet werden

C.P.: Sicherlich, aber ist dieser Prozeß nicht auch ein Stückweit schmerzhaft gewesen?

M. Wais: Sicher ist dieser Moment ein erarbeiteter. Es geht ja nicht darum – und das sollte man an dieser Stelle einmal deutlich erwähnen –, nichts zu können und nichts zu wissen. Es dauert Jahre, um sich einen möglichst freien Zugang zu einem anderen Menschen schrittweise zu erarbeiten. Ich persönlich hätte mir das nicht erarbeiten können, wenn ich mich nicht zuvor mit Theorien und Methoden angefüllt hätte. Es ist also nicht so gemeint, daß man möglichst nichts können und wissen muß, um Biographieberatung machen zu können. Dem anderen Menschen frei zu begegnen, ist etwas, um das man sehr ringen muß. Meine Hindernisse auf diesem Weg waren zum einen meine berufliche Ausbildung und Erfahrung, zum anderen waren sie aber auch im rein persönlichen Bereich. Wenn man sich durch diese beiden Nadelöhre hindurcharbeitet, entsteht das, was ich unter Loslassen verstehe. Es ist natürlich nicht so, daß man sich hinsetzt, nichts tut und dann dadurch Biographieberater ist.

Für den Klienten einen Raum schaffen

C.P.: Es ist doch aber so, daß Du Dich bewußt einer Unsicherheit und Ratlosigkeit aussetzt, Geländer und sicheren Boden verläßt. Ist das nicht ein Verzicht?

M. Wais: Natürlich, sicher. Man hat das Bedürfnis, daß man mit einer gewissen Kompetenz dem entgegenkommt, was der Klient einem sagt. Natürlich ist die Versuchung da, aufgrund der gemachten Erfahrungen immer wieder das, was ein Klient bringt, in Bekanntes einzuordnen und zu fixieren. Diese Versuchung nimmt auch zu, je mehr man weiß. Von daher wird es auch immer schwieriger, darauf zu verzichten und jedesmal neu anzufangen. Das ist alles ein Stückweit auch schmerzhaft, aber für mich steht etwas anderes im Vordergrund: Wenn so etwas gelingt, ist es ein sehr schönes Erleben. Es ist so, daß mir während eines Gespräches mit Klienten immer wieder theoretische Einordnungen und Modelle kommen. Die muß ich aber dann ganz bewußt auf die Seite stellen und schauen, was sonst noch da ist. Vielleicht taucht sogar etwas auf, was dieser symptomatischen Einordnung widersprechen würde. Ich bin damit also in jeder Sekunde beschäftigt und beschließe niemals grundsätzlich vor einem Gespräch, bestimmte Modelle anzuwenden oder nicht. Ich habe den Eindruck, je mehr mir das gelingt, um so freier wird der Klient in der Gesprächssituation. Ich erlebe es so, als ob ich dadurch für den Klienten immer mehr Raum schaffe.

C.P.: Für Dich ist es so, daß Du in einem Gespräch mit Klienten auch eine eigene Entwicklung durchmachst. Selbstverständlich besprichst Du nicht Deine persönlichen Angelegenheiten. Wie kann man sich dann aber diese innere Entwicklung vorstellen?

M. Wais: Natürlich habe ich auch persönliche Sorgen, Krisen und Fragen. Interessanterweise kommen dann Klienten mit ähnlichen Fragen und Sorgen oder auch mit solchen, die wiederum dazu passen. Ich merke dann immer wieder, wie durch das, was der Klient einbringt, sich für mich neue Perspektiven und Möglichkeiten eröffnen. Von daher bin ich den Klienten oft dankbar und habe den Eindruck, daß sie mir geschickt werden. Es ist dann wie ein gemeinsames Durchgehen durch einen Tiefpunkt, bei dem man sich gegenseitig begleitet. Natürlich weiß der Klient nicht, daß er mich begleitet. Auch ist das nicht jeden Tag und bei allen Klienten der Fall, aber oftmals merke ich durch meine Arbeit, daß ich für mich persönlich in privaten Dingen manches neu sehen und neu denken kann. Wenn ich in längeren Gesprächen dem Klienten etwas rate oder vorschlage, merke ich, daß es ja genau das ist, was ich im Moment auch tun müßte. Das wird mir aber erst deutlich, wenn ich mich mit dem Klienten darüber auseinandersetze.

Von gelähmter Passivität zu einer aktiven Haltung

C.P.: Es ist in jedem Fall so, daß man als Berater nicht klüger, glücklicher, moralischer oder irgendwie sonst besser ist als seine Klienten. Dennoch sollte man, das ist jedenfalls meine Ansicht, den Klienten eines voraushaben – einmal unabhängig davon, wie man dazu kommt: die Hoffnung und die Zuversicht, daß man mit all diesen Problemen fertig werden kann und daß es weitergeht. Oftmals kommen Menschen, die gar keine Zukunftsperspektive mehr haben. Ist das nicht die Voraussetzung eines Beraters, gerade da voranzugehen?

M. Wais: Ja unbedingt. Ich würde es aber nicht Hoffnung, sondern Vertrauen nennen. Ich kann aus meiner Erfahrung heraus bestätigen, daß in dem Maße, wie eine Offenheit und Freiheit entsteht, da auch etwas Neues auftaucht. Dieses Vertrauen habe ich, und ich bemühe mich, den Klienten daran teilhaben zu lassen. Natürlich nicht dadurch, daß ich an ihn appelliere, sondern dadurch, wie ich mit ihm umgehe und der verwirrtesten und schlimmsten Situation Vertrauen entgegenbringe. Ich habe das Vertrauen, daß ich Krisen und Verzweiflungen etwas entgegenbringen kann, und das hat etwas Aufrichtendes. Ich erlebe, daß sich der Klient daran anschließt oder mindestens sich zunächst einmal davon tragen oder halten läßt. Dadurch entsteht eine Art Schutz für den Klienten, und das hilft ihm, sich immer wieder aktiv zu seiner Krise zu stellen. Ich bewundere immer wieder meine Klienten, wie sie es aufgreifen, aus dieser gelähmten Passivität zu einer aktiven Haltung zu kommen. Sie greifen dann immer irgendwelche Vorschläge oder Ideen auf, und ich denke, daß das an diesem Vertrauensraum liegt.

C.P.: Wie bist Du denn ganz persönlich in Deinem Leben zu diesem Vertrauen gekommen?

M. Wais: Das sind für mich Erlebnisse, durch die ich etwas von der aufrichtenden Christuskraft erleben durfte. Ich habe in meinem Leben immer wieder Situationen gehabt, an denen ich gescheitert bin, Ideale und

Ideen, die gar nicht durchführbar waren oder für die ich nicht geeignet war, und mußte mich dieser Tatsache schlicht und nackt gegenüberstellen und konnte mich nicht irgendwo festhalten. Ich habe dann erlebt, daß mir gerade dadurch enorme Kräfte zuwuchsen. Ich habe den Eindruck, daß mir gerade da eine Hilfe zukam, wo ich alles losgelassen hatte. Später habe ich dann versucht, den Anschluß an diese Aufrichtekraft durch die Arbeit an mir selber wieder herzustellen. Das berührt dann das Thema des Schulungsweges.

Ich bin früher in meinem Leben durch einige dunkle Dinge gegangen, die durchaus nicht zum bürgerlichen Rahmen gehören. Ich finde das aber gar nicht schlimm, sondern für mich persönlich war es sogar eine Voraussetzung, um den Anschluß an diese Christuskraft zu bekommen.

Ich hatte früher auf gewisse Art eine geistige Schutzlosigkeit und bin daher durch verschiedene Desorientiertheiten gegangen. Ich habe rein von meinem Kopf her, oder auch vom Willen, Ideale durchsetzen wollen und bin damit böse auf die Nase gefallen. Das fing bei mir als Jugendlicher an und ging bis in die Lebensmitte hinein. Ich habe damals auf eine ungute und unfreie Weise Dinge verfolgt, die ich einfach durchgedrückt habe, ohne nach links oder rechts zu schauen. Ich habe sehr lange gebraucht, um zu merken, daß das so nicht geht. Ich hatte Phasen von Depressionen und Orientierungslosigkeit und wußte nicht mehr, was ich weiter machen sollte. Ich denke aber, daß das nötig war, um zu einem freien Verständnis des Menschen zu kommen und auch einen Horizont zu haben, der über die heile Kleinfamilienwelt hinausgeht.

C.P.: Heißt das, daß man an dem Leben selbst Stärkungsprozesse durchmacht? Oder in einem Bild ausgedrückt: Man springt in den Abgrund und erlebt, daß man aufgefangen wird?

M. Wais: Ja, das ist das entscheidende Erlebnis, daß man darauf verzichtet, aus dem eigenen Willen etwas zu lösen oder an irgendwelchen Methoden oder Lebensbewältigungstechniken festzuhalten. Das ist eine Art von Todeserlebnis, aber auch eine Art von neuem Geburtserlebnis.

Mit den Schattenseiten vertraut sein

C.P.: Und im Grunde genommen ist das auch eine Selbstkonfrontation, daß man nämlich die gesamten Schattenseiten und Abgründe der Welt und von anderen Menschen in sich selber wahrnimmt. Das heißt aber nicht, daß man das alles selbst getan haben muß. Muß es einem aber nicht irgendwie vertraut sein?

M. Wais: Im Prinzip würde ich das auch so sehen, wobei man aber nicht Alkoholiker gewesen sein muß, um mit einem Alkoholiker zu arbeiten. Es sollte in einem Biographiearbeiter eine Art Resonanz für die unterschiedli-

chen Erlebnisse und Lebenszusammenhänge vorhanden sein, die man durch seine Klienten geboten bekommt. Natürlich sollte man selbst als Berater schon möglichst vieles erlebt und erfahren haben. Biographiearbeit soll ja nicht nur für anthroposophische oder Waldorf-Klientel sein, sondern – falls gewünscht – auch darüber hinaus gehen. Das gleiche gilt auch für die Waldorfpädagogik und die anthroposophischen Krankenhäuser; es ist eine Art Brüderlichkeitsgedanke, der dahinter steht.

C.P.: Könnte man das so sehen, daß man in sich selbst diese Seiten erlebt, betrachtet und ausgehalten haben sollte, wo man selbst kriminell, süchtig, gewalttätig, verachtend oder sogar lebensmüde ist? Sollte man das nicht auch alles in sich kennen?

M. Wais: Man braucht das natürlich nicht alles bewußt aufzusuchen oder sich aussuchen. Aber der Berater sollte schon von seiner Biographie her kennen, was heute Menschen sein können, was sie bewegt und auch was heute die Gefährdungen des Menschen sind.

Ein erbarmungslos harmonisches Elternhaus

C.P.: Erzähle doch einmal aus Deiner eigenen Praxis, womit man sich als Biographiearbeiter auseinanderzusetzen hat. Ich meine damit zum einen die „normalen“, „bürgerlichen“ Klienten und zum anderen auch die, bei denen manche Themen ganz extrem erscheinen können.

M. Wais: Auf der einen Seite habe ich Klienten, die sehr ungewöhnlich und exotisch sind, auf der anderen Seite sind Klienten da, die sozusagen normal sind, bei denen sich die Abgründe aber im Innerlichen vollziehen. Bei den ersteren ist es sichtbar, daß da jemand am Abgrund entlang lebt, bei den letzteren ist eine äußerliche Normalität und bürgerliche Sicherheit vorhanden, aber es geschehen Ereignisse, die den Betreffenden dazu führen, daß er loslassen muß.

Als Beispiel für die erste Gruppe kenne ich einen Gangster, der sich selbst auch als solchen bezeichnet und schon als Kind Alkoholiker war. Er begann mit neun Jahren, Alkohol zu trinken, war in Kinderbanden, brach Autos auf, klaute alles mögliche aus Läden, verhökerte dann das Geklaute, um wiederum an Geld zu kommen. Als Jugendlicher war er in Banden, die Raubüberfälle gemacht haben. Er hat sich also selbst sehr geschädigt und das bis zu seiner Lebensmitte durchgezogen. Eines Tages tauchte er in unserer Beratungsstelle auf, erzählte, daß er von Biographiearbeit gehört hätte, und wollte das nun in Anspruch nehmen. Wir haben uns dann gemeinsam ein Verständnis seiner Geschichte erarbeitet und sind zu der Auffassung gekommen, daß die Destruktion für ihn eine Art Schutz gegen die Lügenhaftigkeit und Scheinheiligkeit seines Elternhauses war. Dort hatte es nie einen Anflug von Aggression gegeben. Es war ein erbarmungslos harmonisches Elternhaus gewesen. Wir haben dann nach anderen Wegen gesucht, sich gegen Lügenhaftigkeit zu schützen, und kamen auf das produzierende Handwerk. Nach verschiedenen Rückschlägen ist er dann ein unerbittlich genauer und gewissenhafter Feinledermacher geworden und leitet nun Jugendliche in einer lederverarbeitenden Werkstatt an.

Weiterhin kommen Menschen, die vielleicht ein sexuelles Außenseiterleben haben, aber nicht dazu stehen wollen. Vielleicht ist jemand homosexuell, will nicht dazu stehen und fragt sich, ob das denn nun sein Schicksal oder eine Krankheit sei. Es waren auch schon Prostituierte da, die sich dann haben beraten lassen. Manchmal kommen auch Jugendliche, die gefährdet sind, in das Drogenmilieu hineinzugeraten. Manche Menschen kommen, weil sie zu physischer Gewalt neigen. Auch tauchen immer mehr Künstler auf, die durch den Umgang mit der Kunst an überwältigende, zunächst chaotisierende Kräfte kommen, die sie im Moment nicht einordnen und aushalten können.

C.P.: Sind das denn manchmal Menschen, bei denen man von außen sagen würde, daß sie psychopathische Strukturen haben?

M. Wais: Der Ausdruck „psychopathisch" stammt jetzt von Dir. Ich würde sagen, es sind einfach Menschen, die durch ihr Leben, oder vielleicht auch durch die Kunst, in sehr extreme Belastungen hineinkommen und die dann einen Halt suchen, den sie aber letztlich nur in sich selbst finden können.

Begegnungen mit übersinnlichen Wesenheiten

C.P.: Sind das dann auch geistige Erlebnisse, die die Menschen nicht einordnen können?

M. Wais: Ja, das ist so. Es kommen auch Menschen, die eine Krebserkrankung durchgemacht haben, sie im Physischen bewältigt haben und auf dem Tiefpunkt der Krankheit geistige Erlebnisse hatten. Das waren Begegnungen mit übersinnlichen Wesenheiten. Die Menschen können das aber noch nicht richtig einordnen. Das ist dann zum Teil beängstigend, zum Teil aber auch faszinierend für die Betreffenden. Solche Erlebnisse kommen immer öfter. Ich habe den Eindruck, daß geistige Wesen heute immer mehr den Weg suchen, in das menschliche Leben hineinzuwirken.

C.P.: Sind das auch Widersachermächte?

M. Wais: Ja, sie sind auch vom Fürsten dieser Welt geschickt worden. Das ist auch deutlich. Ich halte es für sinnvoll, daß das heute alles so passiert. Ich denke, daß man mit den Menschen darüber arbeiten muß und es nicht einfach auf die Seite schieben darf. Das ist die Selbstbegegnung mit dem eigenen Inneren, und das ist heute ein ganz entscheidendes und wichtiges Thema. Es ist dabei nicht die Frage, wie man all diese Probleme loswird, sondern wie man ein Drittes findet und das Böse erlösen kann.

Wenn eine Waldorfmutter ihr Kind haßt

C.P.: Du hast jetzt die Klienten beschrieben, die äußerlich ein extremes Schicksal haben: Kriminelle, Alkoholiker, Prostituierte, Okkultisten. Dann gibt es aber auch noch die anderen, ganz normalen, bürgerlichen Menschen, bei denen diese Abgründe im Äußerlichen nicht sichtbar sind. Wie zeigen sich die Probleme und Krisen hier?

M. Wais: Diese Menschen leben äußerlich in geordneten und gesicherten Verhältnissen, spüren aber, wie sich in ihrem Leben, in ihrer Ehe vor ihnen Abgründe auftun. Sie wundern sich dann selbst, was mit ihnen alles passiert. Nehmen wir zum Beispiel eine Waldorfmutter, die ihre Kinder in Andachtskräfte und Religiosität einhüllt und alles für sie tut, was die Waldorfpädagogik – als äußerliches Reglement aufgefaßt – vorgibt. Durch Schicksalsumstände kommt sie aber dazu zu erleben, wie sie ihre eigenen Kinder haßt. Sie schämt sich dessen enorm, bis zur Verzweiflung, und fragt sich, was denn in sie gefahren sei. Das sind dann mehr die bürgerlichen Klienten, die solche Erlebnisse haben, bei denen plötzlich schleichend und fast unsichtbar der eigene Schatten und die eigenen Versäumnisse oder das, mit dem man schon immer nicht klar gekommen ist, auftauchen.

Und wie hält der Berater alles aus?

C.P.: Und was tust Du persönlich, um das alles täglich aushalten zu können?

M. Wais: Ich werde das oft gefragt, finde dieses Aushalten aber nicht so sehr schwierig. Es ist mehr meine Aufgabe, dem Klienten zu zeigen, wie *er* das alles aushalten kann. Ich lade das ja nicht alles auf mich selbst, trage es herum und befreie die anderen von ihrer Last, denn ich bin ja kein Heiler. Ich versuche vielmehr, die Klienten ihren eigenen Zugang zu den Aufrichtekräften finden zu lassen, damit sie ihr Schicksal selber tragen können.

C.P.: Ich persönlich finde das auch nicht sehr schwierig, das auszuhalten. Das Entscheidende ist ja, daß die Menschen, die zur Biographieberatung kommen, einen Entwicklungswillen haben. Ich erlebe, daß menschliche Situationen, die äußerlich viel weniger problematisch sein können, in denen aber kein Entwicklungswille steckt, wesentlich schwieriger zu ertragen sind.

M. Wais: Ja, so sehe ich das auch. Wenn man in der konkreten Arbeit nicht vorankommt, weil alles, was man angibt, nicht greift und die Entwicklung nicht weitergeht – das ist sehr schwer auszuhalten. Dann stellt man sich natürlich selbst in Frage: ob man nicht richtig gearbeitet hat, ob man den Klienten nicht genug freigelassen hat usw. Das ist dann auch etwas, was ich oft nicht alleine tragen kann. In solchen Fällen suche ich mir dann persönlich Hilfe durch Gespräche mit Kollegen, vielleicht auch mit einem

Pfarrer. Aber in allen Situationen, in denen Menschen trotz ihrer massiven Probleme Schritte machen, sehe ich keine Schwierigkeiten, das zu ertragen.

Das Zeitgeschehen wirkt bis in das persönliche Schicksal

C.P.: Das Problem der sogenannten schwarzen Seiten im einzelnen Menschen ist ja auch ein Zeitproblem. In diesem Sinne ist man als Biographiearbeiter auch Zeitgenosse und arbeitet an der vordersten Front, denn es sind immer diejenigen Menschen, die dann in die Beratung kommen, die an diesen Zeitnöten leiden. Hast du konkrete Erlebnisse, wie diese Fragen des Zeitgeschehens, unabhängig von einzelnen Menschen, auch in die Biographiearbeit hineinwirken?

M. Wais: Als vor zwei Jahren die DDR-Grenze aufgemacht wurde, konnte ich ganz allgemein bestimmte seelische Erlebnisse bei den Menschen beobachten. Zum einen lebte in den Menschen eine Art Aufbruchstimmung, zum anderen eine Orientierungslosigkeit. Bei uns in der Beratungsstelle fing zu diesem Zeitpunkt ein ungeheurer Zulauf an, und ich hatte den Eindruck, daß dieser politische Vorgang der Grenzöffnung die ganz persönlichen Lebenszusammenhänge von bisher Abgegrenztem und Festem aufgebrochen hat. Es entstand folgende Stimmung: Es ist in meinem Leben noch etwas ganz anderes möglich oder sogar nötig, aber was ist das denn und wie ist das durchführbar? Da schien mir, daß der Zeitgeist, der durch diese politische Situation sichtbar war, bis in das persönliche Schicksal hineinreichte. Das betraf auch Menschen, die persönlich mit der DDR gar nichts zu tun hatten.

Neue soziale Formen finden

Ein anderes Beispiel für solche Zeitfragen sind die vielen Ehekrisen. Natürlich sind sie immer sehr schmerzhaft, unglücklich und schwer zu ertragen, haben aber eine Fragestellung für die Zukunft: Wie finden wir zu neuen Formen des intimen sozialen Zusammenlebens? Wie können wir uns gegenseitig freilassen, uns gleichzeitig aber gegenseitig schützen? Diese Frage wurde bisher so beantwortet, daß man heiratete und räumlich zusammenlebte. Bisher lebten dann in einer Familie zum Beispiel vier bis sechs Personen räumlich eng zusammen und gaben sich dadurch gegenseitig Schutz, und das war soweit auch richtig. Aber aufgrund der ganz starken Entwicklungsimpulse, die in den Menschen sind, scheint das so nicht mehr zu gehen. Dieses enge Zusammenleben bricht dann auf. Die Familien und die Ehen fallen auseinander.

Da spielt sich in dem individuellen Schicksal etwas ab, was auch heute eine Frage der Zeit im allgemeinen ist. Könnt und wollt ihr heute zu neuen sozialen Formen finden, und wie wollt ihr da herankommen? Sichtbare Rezepte gibt es dafür natürlich keine, aber wir sind mitten in einer Experimentierphase, die Menschen versuchen alles mögliche, und ich denke, daß das für den Moment die richtige Antwort ist. Es kann sein, daß in fünfzig Jahren etwas ganz anderes auftaucht als das, was heute Ehe und Familie sind, aber so weit sind wir noch nicht. Ich finde, daß diese persönlichen Ehe- und Familienkrisen auf dem Hintergrund der Zeitsituation überhaupt gesehen werden sollten. Unsere Zeit ist heute eine Zeit des Aufbruchs, der Orientierungslosigkeit und dadurch auch des inneren Vakuums. Natürlich können in solch ein Vakuum auch böse und dunkle Kräfte den Zugang finden. Zum Beispiel ist in diesen Ehekrisen die Gefahr enthalten, daß man zu einem ungeheuren Egoismus kommt, daß also gerade nicht die Frage nach dem neuen Sozialen aufgenommen wird, sondern das Gegenteil, das, was man für sich tun kann. Wenn man dann zwanzig Jahre verheiratet war, will man nun endlich etwas für sich haben. Das wäre dann sozusagen in die falsche Richtung gegriffen.

C.P.: Der Egoismus ist dann die eine Form des Mißbrauchs in dieser Suche nach neuen sozialen Formen. Ist die Unverbindlichkeit dem anderen Menschen gegenüber nicht auch eine Gefahr?

M. Wais: Ja, es ist ja ein Vakuum entstanden, und wir ergreifen nicht oder wollen nicht hören, was als Anforderung in einer Begegnung darinnen liegt.

„Die Biographiearbeit kam auf mich zu"

C.P.: Wie bist Du denn selbst zur Biographiearbeit gekommen? Hast Du dich irgendwann einmal entschieden, Biographiearbeiter zu werden?

M. Wais: Nein, entschieden habe ich mich nicht. Ich war zunächst Psychologe und habe meinen Weg anderswo gesucht. Ich habe als Psychotherapeut und Neuropsychologe gearbeitet und irgendwann einmal empfunden, daß ich mit all dem nicht ergreife, was der Mensch in seinem innersten Wesenskern ist. Ich hatte dann den Impuls, an der Erarbeitung neuer sozialer Formen mitzuwirken, und deshalb ging ich in eine Dorfgemeinschaft. Dort bin ich persönlich gescheitert. Es ging einfach nicht, und ich konnte es nicht. Ich wußte anschließend nicht mehr, wie es weitergehen sollte. Ich hatte eine Familie und war dann arbeitslos.

Da hinein ist zunächst einmal die Möglichkeit aufgetaucht, in der Erziehungsberatung zu arbeiten. Das habe ich dann gerne aufgegriffen. Aus den Fragen und Bedürfnissen der Eltern, mit denen ich zu tun hatte, entstand in mir die Einsicht, daß man ein Erziehungsproblem in einem größeren Kontext sehen müßte, zum Beispiel im Zusammenhang mit der Familie und auch der Biographie jedes einzelnen. Die Eltern sahen das auch so, und aus irgendwelchen Anlässen, zum Beispiel Erziehungsschwierigkeiten mit einem aggressiven Kind, wollten sie dann ihr ganzes Leben neu greifen. Auf diese Fragen und Bedürfnisse eingehend bemerkte ich irgendwann einmal, daß ich ja eigentlich Biographiearbeit mache. Ich habe das dann bewußt und willentlich aufgegriffen, weil ich zum einen sah, daß es ein Erfordernis ist, und zum anderen wollte ich gerne meinen Beitrag dazu leisten. Vor zehn Jahren hätte ich mir aber nicht ausgedacht, einmal Biographiearbeit zu machen. Sie ist daraus entstanden, weil sie von den Klienten her auf mich zukam.

Das Stehenkönnen vor Ratlosigkeit, Leere und Abgründen

C.P.: Es war also keine gezielte Absicht, oder daß Du Dir etwas ausgesucht hättest, sondern Du bist sozusagen an diese Arbeit herangeführt worden. Nun gibt es ja mittlerweile Menschen, die sich dafür entscheiden, Biographiearbeiter zu werden, eine Ausbildung machen wollen, um dann hinterher damit eine Arbeit zu beginnen. Was würdest Du solchen Menschen mit auf den Weg geben?

M. Wais: Ich denke, es liegt etwas sehr Wichtiges darin, daß immer mehr Menschen dieses Bedürfnis von vielen Zeitgenossen, die an der eigenen Biographie arbeiten wollen, aufgreifen. Eine andere Frage ist die, ob es so einfach geht, daß man, weil das Bedürfnis so groß ist, einfach nur eine Ausbildung macht und sich dann hinterher Biographiearbeiter nennt. Natürlich finde ich es in Ordnung, wenn Ausbildungsgänge entstehen, aber das zu erlangen, worum es eigentlich geht, ist durch eine solche Ausbildung nicht gewährleistet. Ich meine, daß ein ganz wesentlicher und entscheidender Punkt das eigene persönliche Ringen um die Begegnungsmöglichkeit mit dem Klienten ist. Wenn das jemand innerhalb einer Ausbildung erreichen kann, ist das ja in Ordnung, aber eine Ausbildung scheint mir nicht so sehr die Garantie dafür zu geben, daß man solch eine Begegnungsfähigkeit erlernt. Ich denke, daß man dazu auch durch Schicksalswege kommt, und es kann jemand in diesem Sinne Biographieberater sein, der vielleicht gar keine Ausbildung gemacht hat. Vielleicht ist der durch Lebenswege zur gleichen Kompetenz und Fähigkeit gekommen. Auf der anderen Seite heißt das aber wiederum auch nicht, daß man keine Ausbildung zu machen braucht. Ich würde das alles ganz individuell sehen.

Eine Ausbildung kann natürlich eine Hilfe sein, ist aber nicht das Entscheidende. Das Entscheidende ist das Stehenkönnen vor einer Ratlosigkeit, einer Leere und einem Abgrund. Ich wüßte nicht, wie man durch eine Ausbildung jemand dazu qualifizieren kann, vor einem Abgrund stehen zu können. Meiner Meinung nach kommt diese Fähigkeit nur durch den eigenen Weg zustande, bzw. wenn man diesen konsequent geht und reflektiert. Es darf zum Beispiel nicht passieren, daß man vom Klienten irgendwelche sogenannten unmoralischen Dinge hört, zum Beispiel einen

Seitensprung, und die nun beurteilt. Ich denke, daß dann der Berater vor seinem eigenen Abgrund zurückweicht. Natürlich hat eine Beurteilung im sozialen Leben eine Berechtigung, aber für die Begegnung in der Beratung ist sie nicht hilfreich. In der Beratung kann es nicht um moralische Beurteilungen gehen und schon gar nicht um meine eigenen Wertmaßstäbe. Die Klienten müssen selbst dahin kommen, das, was sie gerade machen, moralisch zu beurteilen. Es hat dann seine Berechtigung, wenn es aus dem Klienten kommt und dieser selbst moralisch beurteilt, was er gerade macht oder getan hat. Als Berater muß man einfach diesen Abgrund, den der Klient vor sich hat, aushalten können. Und das lernt man nicht auf Seminaren, wo man mitschreibt und sich ein Wissen erwirbt.

C.P.: Man kann also zusammenfassend folgendes sagen: Erstens ist eine Ausbildung wichtig; zweitens ist es wichtig, daß man durch den eigenen Schicksalsweg mit Abgründen umgehen kann und diese aushält; drittens ist es wichtig, darauf zu achten, ob man Biographieberatung nur aus einem persönlichen Wunsch heraus machen möchte oder ob man sozusagen von außen danach gefragt wird und sich die Wege dafür wirklich öffnen.

M. Wais: Ja. Sicher ist es auch in Ordnung, wenn jemand sich gezielt dafür entscheidet, Biographiearbeit anzubieten – aber eben unter den genannten Voraussetzungen.

„Durchgänge“

ZU DEN PLASTIKEN VON KLAUS SCHRÖDER

Mathias Wais

Ich bin kein Künstler und auch kein Kunstsachverständiger. Es ist für mich nicht die Frage, was ein Kunstwerk bedeutet, sondern was es ist. Ich kann mich deswegen nur ganz persönlich dazu stellen und mich fragen, was ich (innerlich) damit mache.

Wenn ich den hier abgebildeten Plastiken von Klaus Schröder gegenüberstehe, dann empfinde ich zunächst das Bedürfnis, einen großen und langen Weg vor mir zu haben. Am Anfang des Weges steht vielleicht links am Weg ein Brett, ich gehe daran vorbei, später rechts eines, ich gehe daran vorbei, leise irritiert: Wonach fragt mich dieses Brett, das da in der Landschaft steht?

Nach einer weiteren Wegstrecke kommt eine Stelle, wo links und rechts ein Brett steht, ich gehe zwischendurch. Im Moment des Durchgangs bin ich, so wie ich geworden bin und vielleicht noch werden kann, die gestaltete Säule in der Mitte, eine Plastik, die schon eine bestimmte Formung erfahren hat und die sich vielleicht aber noch weitergehend anders formen oder wandeln kann. Ich komme, jetzt erst eigentlich, in Bewegung, indem ich zwischen den beiden Brettern hindurchgehe. Ich befinde mich im Moment des Durchgangs auf einer Schwelle zwischen dem, was geworden ist mit mir, und dem, was werden wird. Ich bin in meinem Ich aufgerufen. Bist du diese Säule in der Mitte, oder bist du noch etwas anderes?

Jetzt gehe ich weiter, wieder stehen da Bretter links und rechts, und ich erlebe, daß es meine eigene Freiheit, auch meine eigene Anstrengung ist, dazwischen etwas hineinzustellen, das ich, mein Ich, gestalte. Die Freiheit und die Anstrengung können nur aus dem Ich kommen.

Das ist dasjenige, wie ich Biographiearbeit verstehe. Biographiearbeit ist nichts anderes, als Bretter neben eine Säule zu stellen. Jede Säule, = Biographie, ist anders, und es ist keine Frage, ob ich sie schön finde, ob ich sie vielleicht anders gestaltet hätte oder ob ich sie sonst irgendwie für entwicklungsbedürftig halte. Sie ist zunächst nur das, was sie ist. Jeder Lebensgang ist zunächst einmal das, was er ist. Indem ich aber die Bretter daneben stelle, also den Lebensgang in einen dynamisierenden Rahmen stelle, bringe ich die Säule, = Biographie, in Bewegung. Ich versuche, eine Schwellensituation zu schaffen, in der das, was geworden, geformt ist, dem begegnet, was werden wird. In der Biographiearbeit stelle ich die beiden Bretter dahin und begleite den Klienten auf dem oben beschriebenen Weg. Welche Säule dann vielleicht am Ende des Weges eines Tages stehen mag, das ist ganz offen.

Insofern habe ich in den Plastiken von Klaus Schröder den äußeren Abdruck dessen, was mit meiner Arbeit als Biographieberater gemeint ist. Nur das. Was die Plastiken sonst noch „bedeuten", und wie sie vielleicht ein anderer Mensch, ein anderer Biographieberater, erlebt, das können wir hier offen lassen.

Anschrift:

Klaus Schröder
c/o Rudolf Steiner-Schule
Mergelteichstr. 51
D-4600 Dortmund 50

Therapeutische und hygienische Biographiearbeit

INTERVIEW MIT GUDRUN BURKHARD

von Christine Pflug

Foto: © Rudolf Bind

Dr. med. Gudrun K. Burkhard wurde 1929 in Sao Paulo, Brasilien, geboren. Die von ihr praktizierte Biographiearbeit wurde impulsiert durch die Begegnungen mit Bernard Lievegoed, Alexander Boos, Helmut ten Siethoff, Alexander Leroi und durch ein halbjähriges Studium am Centre for Social Development (siehe dazu „Ausbildungen" in diesem Heft, Seiten 157 ff.). 1969 gründete sie mit ihrem ersten Mann, Peter Schmidt, die Clinica Tobias in Sao Paulo.

1983 gründete sie mit ihrem zweiten Mann, Daniel Burkhard, das Biographiezentrum Artemisia. Es liegt in einem Außenbezirk von Sao Paulo auf einem bewaldeten Grundstück von 50.000 qm und verfügt über 18 Zimmer.

Es dient der Präventiv-Medizin, Erholung, Steßbehandlung und Entschlakkung. Seine Hauptcharakteristik sind Biographiekurse und neuerdings auch Entwicklungsseminare für Manager. Es finden auch Seminare für Patienten mit chronischen Krankheiten statt. Die fünf- bis achttägigen Kurse werden von Diätkuren, Eurythmie, Kunsttherapie, rhythmischer Massage sowie von anthroposophischer medikamentöser Behandlung begleitet. Es werden auch Patienten für längere Behandlungen aufgenommen. In seiner Konzeption ist das Biographiezentrum Artemisia wohl einmalig auf der Welt.

Seit 1988 kommt Gudrun Burkhard in regelmäßigen Abständen nach Europa, um mit ihren Seminaren und ihrer sonstigen Arbeit „die Biographiearbeit auf gute Weise in der Welt zu inkarnieren".

Hauptsächlich bietet sie fünf- bis siebentägige Einführungskurse in die Biographie und anschließende Vertiefungskurse mit verschiedenen Themen an. In dem Einführungskurs wird die Vergangenheit, Gegenwart und Zukunft der einzelnen Teilnehmer aufgearbeitet. Vorträge über die allgemeinen Gesetzmäßigkeiten im Lebenslauf stehen der Arbeit an der Biographie des Einzelnen gegenüber. 18 bis 20 Teilnehmer sind in Kleingruppen à vier bis fünf Personen aufgeteilt und werden von einem Gruppenleiter begleitet (in Europa sind es max. 32 Teilnehmer, die ohne Gruppenleiter arbeiten). In Besinnungszeiten beschäftigt sich jeder Teilnehmer für sich alleine mit seinem Lebenslauf, indem er Ereignisse und Gefühle seines Lebenslaufs auflistet und ordnet. Tägliche Eurythmie und das Malen der Jahrsiebte in Farben, Formen und Szenen unterstützen künstlerisch den Prozeß. Da jeder Kurs und jede Gruppe in ihrem Charakter einmalig sind, ist es wichtig, die richtige Sprache für die Menschen zu finden. Das kann heißen, daß die Inhalte mit der Ausdrucksweise der Anthroposophie vermittelt werden oder auch in Form von Bildern oder Märchen, mit denen sich immer alle Menschen verbinden können.

Im Einführungskurs sind Menschen, die zum ersten Mal über ihr Leben reden, von daher ist das Gespräch über die einzelnen Biographien spontan. Die Grundregel ist, daß nur die Phänomene, d.h. die konkreten Ereignisse, ohne Wertung und Urteile dargestellt werden. In den Folgekursen wird das Gespräch dann mit gezielten Fragen methodisch geführt und an Spiegelungen und Rhythmen gearbeitet. Die Themen der Vertiefungskurse sind folgende:

- Begegnungen im Lebenslauf;
- das Leben nach dem Tod und der Einfluß der Planetensphären auf den Menschen;
- die seelischen Planetenqualitäten, im Beruf und Privatleben;
- das männliche, das weibliche Prinzip, die unterschiedliche Entwicklung von Mann und Frau im Lebenslauf und ihre Beziehungen;
- die seelischen Tierkreisqualitäten, im Beruf und Privatleben;

- Bewußtseinsentwicklung der Menschheit durch Kunstbetrachtung und ihr Zusammenhang mit der Biographie;
- das Kennenlernen von ahrimanischen und luziferischen Kräften im Lebenslauf;
- Temperamente.

Außerdem werden in der Artemisia Seminare für Manager und Selbsthilfegruppen für Menschen, die an Fettsucht, Diabetes oder Aids erkrankt sind, angeboten. In diesen Gruppen ist die Biographiearbeit auch ein fester Bestandteil. –

Das jährliche Treffen der Biographiearbeiter im Rahmen der medizinischen Sektion der Freien Hochschule für Geisteswissenschaft, Goetheanum, Dornach, geht auf die Initiative von Gudrun Burkhard zurück. Mit anderen baut sie dort auch eine Ausbildung zum Biographiearbeiter auf (siehe dazu auch „Ausbildungen“, Seiten 157 ff). Sie ist Autorin von „Das Leben in die Hand nehmen. Arbeit an der eigenen Biographie.“ Stuttgart 1992.

Harmonisierung und Therapie

Christine Pflug: Sie betreiben seit 1983 das Biographiezentrum Artemisia in Sao Paulo, haben in Brasilien und Deutschland schon mehrere Hunderte Biographiekurse gegeben, haben im Rahmen der medizinischen Sektion in Dornach ein jährliches Treffen aller Biographiearbeiter initiiert und sind dabei, mit anderen eine Ausbildung zum Biographiearbeiter zu fördern. Sie schreiben auch ein Buch über die Arbeit an der eigenen Biographie. Ihre Arbeit hat, auch wenn man es unternehmerisch betrachtet, einen enormen Umfang, und daß der Bedarf für die Biographiearbeit groß ist, ist offensichtlich. Welche Ziele verfolgen Sie mit der Biographiearbeit, die Sie anbieten?

Dr. med. Gudrun Burkhard: Ich habe zwei verschiedene Ziele. Mit meiner Arbeit in der Artemisia möchte ich den Patienten und Klienten zu einer Harmonisierung ihres Lebens verhelfen. Das ist dann eine Vorbeugung gegen Streß, Krisen, größere Krankheiten, wie zum Beispiel Krebs, es ist also mehr ein hygienisches Anliegen. Es kann auch noch den therapeutischen Gesichtspunkt mit einbeziehen, daß die Menschen nicht mehr in ihre überstandenen Krankheiten zurückfallen. Krebspatienten zum Beispiel müssen nach ihrer medizinischen Behandlung oder auch Bestrahlung an einer Umarbeitung ihres Seelischen weitermachen, eingefahrene Gewohnheiten ändern. In der Artemisia geht die hygienische Arbeit in eine therapeutische über, weil jede Gruppe eine eigene Betreuung hat und jeder Mensch eine eigene Behandlung bekommt.

C.P.: Worin sehen Sie denn einen Unterschied zwischen hygienischer und therapeutischer Arbeit?

G. Burkhard: Das ist eine schwierige Frage. Zum Beispiel halte ich eine biographische Gruppenarbeit ohne die Betreuung eines Gruppenleiters für eine hygienische Arbeit. Der Übergang vom Hygienischen ins Therapeutische ist aber sehr subtil. Man kann immer wieder erleben, daß die Menschen ankommen und verschlossen oder depressiv sind, Sorgen haben, und durch diese Arbeit erleben sie einen enormen Befreiungsprozeß. Nach zwei bis drei Tagen schon fühlen sie sich viel leichter und fröhlicher, und sie gehen vertrauensvoller ins Leben zurück.

C.P.: Was ist es denn genau, das die Menschen dazu bringt, harmonisierter, vertrauensvoller und fröhlicher zu sein?

G. Burkhard: Die Menschen erleben, daß sie ihre festgefahrenen Gewohnheiten ändern können, und sie sehen für ihr Leben neue Ziele. Sie haben das zunächst im Bewußtsein und können es dann bis in die Tat bringen. Am letzten Tag des Biographieseminars wird ganz gezielt an den Zukunftsideen gearbeitet. Ich gebe den Menschen die Aufgabe, an ihren kurzfristigen, mittelfristigen und langfristigen Zielen zu arbeiten. Diese wiederum werden in verschiedene Gebiete unterteilt: Beruf, Beziehung und wirtschaftliche Fragen. So kann das jeder für sich mehr ordnen. Wir versuchen dann in der anschließenden Sitzung uns gegenseitig nicht nur die Ziele zu berichten, sondern auch Wege aufzuzeigen, die zum Erreichen dieser Ziele führen. Es gibt Menschen, die haben entweder im Äußeren oder im Inneren viele Hindernisse, aber die Schritte zum Erreichen ihrer Ziele müssen deutlich werden.

C.P.: Es bleibt also nicht nur bei den Einsichten, sondern die Veränderungen werden auch bis in konkrete Handlungsschritte geplant. Wie könnte nun so ein einzelner Schritt aussehen?

G. Burkhard: Eine Vorarbeit dazu wird zunächst durch die Eurythmie geleistet. Wir stellen uns zum Beispiel im Kreis auf, es werden verschiedene Wege, die man in dem Raum gehen kann, sichtbar gemacht, und jeder schreitet dann auch auf diesem Weg. Ganz spontan erleben die Menschen dann dabei, wie sie auf diesem Weg auf Hindernisse treffen. Vielleicht war das angestrebte Ziel ein anderer Mensch, der läuft aber plötzlich von seinem Platz weg, oder die Menschen stoßen unterwegs aneinander. Jeder kann dann betrachten, wie er mit den Hindernissen umgeht: Räumt er sie beiseite, springt er drüber, schreckt er vor ihnen zurück oder gerät er in Konfusion, wenn an der Stelle, die er angestrebt hat, bereits eine andere Person steht? Die entscheidende Frage dabei ist immer: Wie gehe ich mit Hindernissen um?

Die erste Reaktion ist auf der körperlichen Ebene, und dann betrachten wir unsere Verhaltensweisen. Anschließend überlegt sich jeder seine ganz konkreten Zukunftsmöglichkeiten. Jede Möglichkeit wird angedacht und sozusagen weitergesponnen: Gehe ich nach Berlin und nehme dort eine neue Arbeitsstelle auf, oder gehe ich nach Hamburg oder München? Man soll sich diese Möglichkeiten ganz konkret vorstellen. Was wären die Konsequenzen dieser verschiedenen Wege, was würden sie in wirtschaftlicher Hinsicht, wohnungsmäßig usw. bedeuten? Die Menschen sollen diese Pläne dann ganz konkret aufschreiben. Wenn sie das getan haben, entsteht bei einzelnen das ganz deutliche Gefühl, daß sie jetzt genau diesen einen speziellen Weg gehen wollen. Es kann aber auch sein, daß jemand die Erkenntnis hat, im Moment nicht entscheidungsfähig zu sein, und vorerst an der Stelle bleiben will, wo er sich gerade befindet. Das ist aber dann keine Resignation, sondern ein aktiver Prozeß des Wartens. Ein bewußt ergriffenes Warten ist etwas anderes, als wenn man eine Situation einfach nur geschehen läßt.

Wie finde ich die richtige Entscheidung?

C.P.: Das ist ein brennend interessantes Thema: Wie finde ich dic richtige Entscheidung? Nach Ihrer Methode lebt man sich zunächst in jede Möglichkeit hinein und wartet dann, daß einem das Gefühl das Richtige sagt. Woher kommt – anthroposophisch betrachtet – dieses Gefühl?

G. Burkhard: Ich denke, daß es einen intuitiven Charakter hat. Es kann sein, daß wir unsere Zukunft im Unterbewußtsein bereits in uns tragen und daß sie in solchen Situationen ins Bewußtsein tritt. Manchmal ist es auch so, daß die Menschen bereits auf dem Weg sind, dies aber noch nicht bemerkt haben und noch weiter suchen. Plötzlich stellen sie dann fest, daß sie sich ja schon für einen Weg entschieden haben.

C.P.: Auf welche Weise sollte man sich solche Zukunftsbilder machen? Sollte man sich dieses Bild besonders ausschmücken, intensiv mit Gefühlen verbinden? Wie lange sollte man es in seinen Vorstellungen tragen?

G. Burkhard: Man braucht das nicht ewig zu machen. Innerhalb unseres Biographieseminars gibt es diesen Zukunftstag, während dessen man sich diese Bilder vorstellt. Jeder der Teilnehmer hat eine Stunde Vorbereitungszeit, in der er diesen Prozeß für sich selbst durchgeht. Anschließend teilt jeder Teilnehmer seine Ergebnisse der Gruppe mit, und dort werden sie auch besprochen. Die Gruppe kann dann jedem einzelnen helfen, diese Ziele deutlicher zu sehen. Vielleicht kommt dann die Rückmeldung, daß das Ziel zu abstrakt ist, nicht genügend real, oder man kann auch konkretere Fragen stellen: Wie würdest Du mit dieser Situation umgehen, wenn Deine angestrebte Arbeitsstelle plötzlich besetzt wäre? Der einzelne kann sich dann mit diesen Rückmeldungen auseinandersetzen und seine Ziele noch einmal korrigieren.

C.P.: Könnte man diesen Prozeß – das Hineinleben in die verschiedenen Möglichkeiten und Bilder – auch für sich alleine vollziehen? Könnte es dabei eine Hilfe sein, eine Nacht darüber zu schlafen?

G. Burkhard: Ja, das könnte man. Man kann sich dann sogar für jedes einzelne Bild eine Woche Zeit lassen und die Wirkungen betrachten. Vielleicht passiert es dann, daß man während dieser Woche plötzlich morgens aufwacht und die Entscheidung gefunden hat. Natürlich kann man auch schon in der Außenwelt abspüren, wo sich eventuell Türen öffnen und wo sie verschlossen bleiben.

C.P.: Sie geben Einführungskurse in die Biographiearbeit und schließen dann Folgekurse mit speziellen Themen an. In den Einführungskursen können die Teilnehmer spontan die biographischen Momente erzählen, die ihnen wichtig erscheinen. Wie verhält sich das bei den Folgeseminaren?

G. Burkhard: Die Fragen sind in den Folgeseminaren gezielt. Zum Beispiel frage ich: Welche Krankheiten hattest Du in Deinem Leben? Der Teilnehmer muß dann konsequent diese Frage vom Anfang bis zum jetzigen Zeitpunkt seines Lebens durchgehen.

C.P.: Ich möchte noch einmal näher auf die Methode eingehen. Ich erlebe in den Biographieseminaren, die ich selber gebe, immer wieder, daß die Menschen Schwierigkeiten haben, bestimmte Ereignisse ohne Interpretationen und Wertungen zu berichten. Es fällt vielen schwer, die Tatsachen und ihre Bedeutung voneinander zu trennen. Die Kindheit war harmonisch, oder die Eltern waren schrecklich oder man ist im November geboren, ist demzufolge Skorpion und hat deshalb diese und jene Eigenschaften ... Wie gehen Sie mit solchen Phänomenen um?

G. Burkhard: Ich sage dann immer: „Vergessen Sie, daß Sie Skorpion sind. Vergessen Sie, daß Ihre Mutter nie zu Hause war, und vergessen Sie auch, daß Sie einen dominierenden Vater hatten. Vergessen Sie alle Begriffe und schildern Sie statt dessen bestimmte Szenen, *wie* der Vater mit Ihnen umgegangen ist. Beschreiben Sie diese Situationen ganz objektiv, und vergessen Sie dabei die Wertung, daß Ihr Vater autoritär war." Ich würde nie sagen, daß es nicht richtig sei, daß der Vater autoritär war. Der Teilnehmer soll aber schildern, wie der Vater im ersten, zweiten und dritten Jahrsiebt war, welche Beziehung er zu ihm hatte, ob er bestimmte Ausflüge gemacht hat usw. Wenn ein Teilnehmer nur das Negative seiner Eltern sieht, gebe ich ihm als Aufgabe, sich für den nächsten Tag an eine positive Situation zu erinnern.

Sich selbst verobjektivieren

C.P.: Diese Übung stammt im Prinzip von Rudolf Steiner, und er bezeichnet sie als ein „Sich-Verobjektivieren". Dieses Sich-Verobjektivieren – so Steiner – führe zu einer Gesundheit. Wie könnte man diese Gesundheit näher bezeichnen?

G. Burkhard: Ich möchte dazu noch ergänzen, daß wir dieses Verobjektivieren noch durch besondere Methoden unterstützen. Zunächst schreibt man diese Szenen auf, wodurch schon ein gewisser Abstand dazu entsteht. Als weiteres malen wir diese Szenen, und dadurch wird die Objektivität noch verstärkt. Das führt dazu, daß einen diese Tat oder auch dieses Ereignis seelisch nicht mehr belastet. Man lernt dadurch, daß diese Ereignisse nicht dunkel sind, sondern daß sie zu einem gehören und einen weiterbringen sollen. Wenn bestimmte Lebensereignisse als Schuldgefühl oder als Haß im Menschen sind, reicht das unter Umständen bis ins Körperliche hinein. Wenn man aber diese Situationen so betrachten kann, daß man die Lernschritte daran erkennt und sie in das Leben integrieren kann, verlieren sie das Zerstörerische.

Luziferische und ahrimanische Kräfte im Lebenslauf

C.P.: Die Themen Ihrer Folgeseminare sind sehr vielfältig. Beschreiben Sie doch deshalb einmal exemplarisch nur ein Seminar: Was ist zum Beispiel Inhalt Ihres Seminars „Luziferische und ahrimanische Kräfte im Lebenslauf"?

G. Burkhard: Dieses Seminar habe ich bisher nur ein einziges Mal angeboten. Zu Anfang des Seminars haben wir betrachtet, was überhaupt luziferische und ahrimanische Kräfte sind. Was ist auf der einen Seite verfestigend und materialisierend – also ahrimanisch –, und was ist auf der anderen Seite das Verflüchtigen im Illusionären – also das Luziferische? Bevor wir dann den Lebenslauf betrachtet haben, versuchten wir diese Kräfte auf allen Ebenen zu erkennen und zu charakterisieren, zum Beispiel auch in der Natur.

C.P.: Wie erscheinen diese Kräfte in der Natur?

G. Burkhard: Alles was verknorrt, alles was sich sklerotisch verfestigt, was starr wird, hat eine ahrimanische Tendenz. Man kann diese physischen Tendenzen auch an Menschen beobachten: Man findet zum Beispiel in den Gesichtern einiger Menschen, die ihr Fitneßtraining im Park machen, einen bestimmten Ausdruck. Sie haben dabei ein verkrampftes Gesicht, und man kann erkennen, daß sie sich zu ihren Übungen zwingen. Andere aber laufen durch den Park und schauen sich dabei die Bäume und die Vögel an, oder sie nicken den anderen Menschen freundlich zu. Im ersten Fall, würde ich sagen, ist es eine ahrimanische Verkrampfung, im zweiten Fall ein gesundes Verhalten.

C.P.: Wie würde sich ein Mensch verhalten, der luziferische Tendenzen hat?

G. Burkhard: Sein Verhalten hätte dann eine verflüchtigende Richtung. Dieser Mensch würde zum Beispiel für Ideale schwärmen oder sich für Gedanken oder Gemeinschaften völlig begeistern. Wenn es dann aber um die Realisierung dieser Gedanken und Ideale ginge, könnte er sie nicht bis

Holzstatue (Höhe 9,5 m) von Rudolf Steiner – Christus zwischen Ahriman und Luzifer
Foto: Gmelin, © Verlag am Goetheanum

auf die Erde bringen und durchführen. Solche Menschen haben auch narzistische Tendenzen, d.h. sie bleiben in sich verschlossen und können sich für andere nicht öffnen. Das extreme Beispiel sind Menschen, die Drogen nehmen, in ihrer Bilderwelt völlig eingeschlossen sind und so überhaupt keinen Kontakt mehr zur Außenwelt haben.

C.P.: Wie kann man diese Kräfte nun in der eigenen Biographie betrachten?

G. Burkhard: Für das erste Jahrsiebt kann man sich zum Beispiel fragen: Wurde ich als Kind abgehärtet oder zu sehr verwöhnt? In dieser Frage hat man schon die Polarität.

Beim zweiten Jahrsiebt – 7 bis 14 Jahre – kann man sich anschauen, wie sehr und massiv man von Normen und Regeln geprägt wurde, ob eine Ordnung da war, die zu einer Starre führte. Vielleicht gab es aber auch überhaupt keinen Halt, keinen Rhythmus, keine Ordnung und Regeln. Viele Menschen, die in diesem Alter zu stark Normen unterworfen waren, müssen sich später davon wieder befreien. Ein schönes Bild dafür ist das Märchen vom Eisernen Heinrich, der sich erst einmal von den Ringen um seine Brust befreien muß. Die Menschen, die sich andererseits an gar keine Regeln halten mußten und alles durften, erleben im dritten und vierten Jahrsiebt, oder auch später, daß sie Schwierigkeiten haben, ein Innenleben zu bilden. Weil sie sich immer verausgabt haben, entsteht unter Umständen eine innere Leere. Die Frage ist dann, wie man diese Leere füllen kann. Manche greifen zum Alkohol oder zum Rauschgift.

Im dritten Jahrsiebt – 14 bis 21 Jahre – kann sich eine ahrimanische Tendenz darin zeigen, daß die Jugendlichen zerstören wollen. Sie neigen zur Gewalt, zerschlagen Fensterscheiben usw. Eine luziferische Tendenz würde sich darin zeigen, daß die Jugendlichen sich bestimmten Sekten hingeben oder für ein Idol oder illusionäre Ideale schwärmen. Damit meine ich aber nur diese Ideale, die nicht auf der Erde zu verwirklichen sind. Letztlich geht es immer darum, um die Mitte zu ringen.

C.P.: Hängen dann die ahrimanischen und luziferischen Tendenzen nach Vollendung des 21. Lebensjahres mit den Veranlagungen in den ersten drei Jahrsiebten zusammen, oder gibt es da noch einmal eigenständige Anfechtungen?

G. Burkhard: Natürlich lassen sich diese beiden Polaritäten in jedem Jahrsiebt finden. Das vierte Jahrsiebt – 21 bis 28 Jahre – hat an sich eine luziferische Tendenz. Man möchte Ideale erleben, erfahren und auch verwirklichen. Man hat etwas Verflüchtigendes, wendet sich stark der Außenwelt zu, aber das gehört natürlich zu diesem Jahrsiebt.

Wenn diese Tendenzen aber zu stark ausgelebt werden, hat man im nächsten Jahrsiebt Schwierigkeiten, das Gleichgewicht zu finden. Das äußert sich dann zum Beispiel in einem übertriebenen Bedürfnis nach Macht. Ich sehe es so, daß gerade das fünfte Jahrsiebt – 28 bis 35 Jahre – sehr wichtig ist, um eine Mitte zu bilden. Der in dieser Zeit auszubildende Seelenbereich heißt ja auch „Verstandes- *und* Gemütsseele", d.h. der Mensch bildet ein Gleichgewicht zwischen Intellekt und Gefühl.

Während der Ausbildung der Bewußtseinsseele im sechsten Jahrsiebt – 35 bis 42 Jahre – hat der Mensch dann wieder eine mehr ahrimanische Tendenz. Man will immer mehr haben, auch materielle Güter. Unter Umständen kommt dann auch der Alkoholismus dazu, gerade in diesem Alter gibt es eine hohe Alkoholquote. Außerdem ist im Leben schon vieles zur Routine geworden und erhält unter Umständen dann eine verfestigende Tendenz. Der Mensch steht dann vor der Frage, ob er diese Verfestigung und die Routine durch neue Sinnfindung ausgleicht bzw. ihr etwas entgegenstellt.

C.P.: Ist dieses Ringen um die Mitte sozusagen das zentrale Anliegen, nachdem man all diese luziferischen und ahrimanischen Tendenzen im eigenen Lebenslauf betrachtet hat?

G. Burkhard: Ja, das ist es.

Eine Ausbildung zum Biographiearbeiter

C.P.: Auf der Konferenz der Biographiearbeiter am Goetheanum in Dornach wurde eine Ausbildung zum Biographiearbeiter ins Auge gefaßt. Es wurde darüber nachgedacht, man sammelte Aspekte, und einige Pläne waren auch schon konkret. Wann, meinen Sie, kann diese Ausbildung anfangen?

G. Burkhard: Ich denke, daß die Seminare und Kurse, die bereits angeboten werden, schon ein Teil dieser Ausbildung sind. Später werden sie dann in einer verstärkten und konzentrierten Form für eine Ausbildung angeboten. Ich schätze, daß sich diese Ausbildung dann ungefähr in einem Jahr konsolidiert.

Wir haben vorläufig einige Gesichtspunkte, die sich aber noch ändern können, erarbeitet. Die Voraussetzungen für einen Teilnehmer bzw. eine Teilnehmerin der Ausbildung sollen folgende sein:

Er/Sie sollte sich bereits mehrere Jahre in einem Beruf bewährt haben. Das Mindestalter sollte 35 Jahre sein, und man sollte sich mit der eigenen Biographie auseinandergesetzt haben. Natürlich ist es eine Voraussetzung, daß man sich selbst entwickeln will, mit Fragen an sich und an die Biographie lebt, aus der Anthroposophie heraus arbeitet und als Zeitgenosse in der Welt steht. Eine wichtige Fähigkeit des Biographiearbeiters ist das Wahrnehmen, Zuhören und das Künstlerisch-Werden in der Begegnung. Der Biographiearbeiter sollte einem anderen Menschen vorurteilslos begegnen können, was voraussetzt, daß er in sich selbst die Möglichkeiten, Schwierigkeiten und Facetten der Seele und des Lebens annehmen kann. Als Inhalt der Ausbildung haben wir bisher folgendes Programm entwickelt:

- Die menschliche Biographie und ihre Gesetzmäßigkeiten (Lebensphasen, Krisen, Rhythmen);
- die unterschiedliche Entwicklung des Mannes und der Frau, das männliche und das weibliche Prinzip und die Beziehungen;
- Biographie und Ätherqualitäten;
- das Leben nach dem Tod, Karma, Planetensphären, Planetenqualitäten;
- Tierkreis und Zwölfheit;
- die vier Temperamente;
- Biographie und Bewußtseinsentwicklung der Menschheit;
- Biographie und seelische Krankheiten;
- Biographie und organische Krankheiten;
- Erüben der verschiedenen Fragen zur Biographiearbeit;
- Dialog und Gespräch;
- Krisen und Konfliktlösungen;
- künstlerische und soziale Fähigkeiten, goetheanistische Beobachtungen (Phänomenologie).

Der Wille des Biographiearbeiters

C.P.: Für jeden Beruf gibt es – anthroposophisch verstanden – einen Willen: Ein Lehrer hat zum Beispiel einen pädagogischen Willen, ein Arzt einen heilenden. Man kann als Arzt sehr lange studiert haben, kann ausgezeichnete Abschlüsse haben, kann sich sehr viel Fachwissen angeeignet haben, das ist sicherlich sehr wichtig und notwendig, aber jeder wird schon einmal erfahren haben, daß es letztlich der Heilerwille des Arztes ist, der einem zu einer wirklichen Gesundung verholfen hat. Genauso ist es beim Lehrer, der auch sehr gute Abschlüsse haben kann, viel Stoff vermitteln kann, aber dadurch alleine das Kind nicht erreicht und in seiner Entwicklung fördert. Es ist sozusagen ein innerer Funke, der von einem Menschen zum anderen hinüberspringen muß, damit etwas in Bewegung kommt. Wie würden Sie den Willen eines Biographiearbeiters charakterisieren?

G. Burkhard: Der Biographiearbeiter muß sozusagen einen Entwicklungswillen haben. Er muß impulsieren, daß sich die geistig-seelischen Kräfte, die der Mensch in sich trägt, entfalten können oder daß er für sich neue findet.

C.P.: Und woran kann man erkennen, daß man diesen Willen hat? Es gibt viele Menschen, die von der Biographiearbeit fasziniert sind und diese als Beruf ergreifen möchten. Dennoch scheint es mir so, daß jeder für sich überprüfen müßte, ob er eigentlich seine eigene Biographie aufarbeiten will oder ob er andere Menschen bei diesem Prozeß unterstützen und begleiten will und kann. Wie sehen Sie dieses Phänomen?

G. Burkhard: Ich sehe die gleiche Erscheinung bei Maltherapeuten, Psychologen usw. Menschen studieren Psychologie, um sich selbst besser kennenzulernen. Oder Menschen beginnen eine Ausbildung für Maltherapie, weil sie das für sich selber brauchen. Aus ähnlichen Gründen kommen viele Menschen in die Biographiekurse. Aber von der Begeisterung für die Biographiearbeit bis zu einem Verwandeln in einen Beruf ist es noch ein langer Weg.

C.P.: Welche Grundvoraussetzungen – abgesehen von allen erlernbaren Ausbildungen – sollte ein Biographiearbeiter erfüllen?

G. Burkhard: Zunächst ist die Wahrnehmungsfähigkeit äußerst wichtig. Man muß einfach sehen können, wo ein anderer Mensch steht, welche Entwicklungsmöglichkeiten in ihm liegen und wie man diese zur Entfaltung bringen kann. Außerdem muß man Fragen stellen können. Man muß die richtigen Fragen finden, um die Menschen weiterzubringen und sie nicht mit Ratschlägen einengen. Dieses Fragenstellen muß man immer wieder üben. Biographiearbeit ist eine Kunst – alles künstlerische Tun und goetheanistische Beobachtungsübungen schulen die Kreativität und Objektivität.

C.P.: Was Sie jetzt ausgeführt haben, beinhaltet aber letztlich auch, daß man sich selbst in Frage stellen muß.

G. Burkhard: Natürlich. Außerdem halte ich es für wichtig, daß man auch therapeutische Fähigkeiten haben sollte. Es ist ein raphaelischer Impuls, der in der Biographiearbeit wirkt. Mein Mann zum Beispiel hat das für sich so formuliert: „Überall, wo ich Entwicklungsmöglichkeiten sehe, sei es in einem Betrieb oder bei einem Menschen, fühle ich mich aufgerufen, etwas zu tun."

C.P.: Gesundheit ist sehr vielschichtig und heute keineswegs mehr selbstverständlich. Welche Art von Gesundheit sollte ein Biographiearbeiter haben?

G. Burkhard: Er sollte seelisch gesund sein. Dazu gehört, daß man die anderen Menschen möglichst objektiv und von der eigenen Person losgelöst betrachten kann. Man sollte also nicht seine eigenen Probleme auf die anderen projizieren. Es ist ungeheuer wichtig, daß man Distanz halten kann. Man merkt einfach immer wieder: Wenn ein Gruppenleiter zu sehr in die Gruppe verwickelt ist, dann kommt für alle nichts dabei heraus.

C.P.: Das heißt also, daß man als Biographiearbeiter Schwächen und Probleme haben kann, aber diese unbedingt aus dem Prozeß raushalten können muß.

G. Burkhard: In jedem Fall. Natürlich fühlt man sich immer wieder einmal betroffen, und es kommen Erinnerungen an die eigene Vergangenheit und Biographie, aber das muß man eben draußen lassen. Ich habe schon Gruppenleiter erlebt, die speziell die Fragen stellen, die mit ihrer eigenen Biographie zusammenhängen, aber das darf nicht sein. Das, was die Gruppe braucht, muß im Vordergrund stehen.

C.P.: Als Biographiearbeiter ist man selbst immer auf dem Weg, stellt immer wieder Fragen und bemüht sich um eine eigene Entwicklung. Welche Übungen und Schulungen gibt es für praktizierende Biographiearbeiter?

G. Burkhard: Ich selbst beschäftige mich gerade mit Übungen zur Entwicklung der sogenannten Lotusblumen, die Rudolf Steiner in „Wie erlangt man Erkenntnisse der höheren Welten?" (GA 10) angegeben hat. Die Übungen zur Entwicklung der 16blättrigen, 12blättrigen und 10blättrigen Lotusblume halte ich für äußerst wichtig für Biographiearbeiter und Sozialpädagogen. Ich finde, diese Übungen geben uns die Fähigkeiten, bei anderen die Begabungen und Möglichkeiten zu erkennen. Auch das Sich-immer-wieder-Beschäftigen mit der eigenen Biographie, um dort Klarheit zu bekommen, nicht die Vergangenheit an uns „kleben zu lassen", ist wichtig. Man muß sich immer wieder die Frage stellen: Was fordert das Schicksal von mir als nächsten Schritt?

C.P.: Wie sehen Sie die Zukunft der Biographiearbeit?

G. Burkhard: Ich sehe in jedem Fall, daß die Notwendigkeit immer größer wird. Es ist heute ganz wichtig, daß die Menschen wieder aneinander Interesse gewinnen. Außerdem müssen wir Menschen aus unserer Isolation herausfinden, und dazu ist die Biographiearbeit eine gute Möglichkeit, daß man auch lernt, sich dem anderen in Liebe wieder zuzuwenden.

Die Brüderlichkeit in der Beratung

INTERVIEW MIT HANS SCHAUDER

von Mathias Wais

Dr. med. Hans Schauder wurde in den Tagen des Interviews (November 1991) 80 Jahre alt. Am Ende der vier Interviewtage erzählte er seinen Lebensgang:

Jüdischer Herkunft, wuchs er im Wien Freuds auf. Seine Kindheit war überschattet von den schweren, zum Teil lebensbedrohlichen Asthmaanfällen der Mutter. Es entstand ihm damals das Motiv, Gefährte von Menschen zu sein, die in Not sind. – Zu Wien, besonders zur Wiener Musik- und Theaterwelt, hatte er eine leidenschaftliche Beziehung. Nach glücklicher Schulzeit quälte er sich durch das für ihn sehr frustrierende Medizinstudium. Das Auswendiglernen äußerlicher Fakten ging ihm derart gegen die Natur, daß er krank wurde. Der langwierige und immer wieder aufflammende Krankheitsprozeß führte ihn mit Dr. Karl König zusammen, der damals in Wien eine anthroposophische Jugendgruppe leitete. Als man in der Nazi-Zeit als Jude zu fliehen suchte, kam die Jugendgruppe noch einmal zusammen. Jedem war klar, daß man sich jetzt in alle Himmelsrichtungen zerstreuen würde. Bei diesem letzten Zusammentreffen in Wien gab Hans Schauder den Impuls in diese Gruppe hinein, eines Tages wieder zusammenzukommen und eine Gemeinschaft für behinderte Kinder ins Leben zu rufen. Damit war angelegt, was dann Jahre später in Schottland zum ersten Camphill-Dorf führte.

Mit Hilfe einer Bekannten konnte Schauder dann über Mailand und Basel nach Schottland entkommen, wohin seine spätere Frau bereits ausgewandert war. In Schottland baute er zusammen mit Karl König und anderen Freunden aus der Wiener Jugendgruppe wie Thomas und Anke Weihs, Peter Roth u.a. die erste Camphill-Gemeinschaft auf. Da er noch immer körperlich krank und schwach war, in der Camphill-Gemeinschaft aber bis über seine Belastungsgrenzen hinaus gefordert war, entschloß er sich 1940, Camphill zu verlassen. Es folgte eine Zeit der Ungewißheit und materiellen Ungesichertheit. Als Arzt konnte er nicht frei arbeiten, da er für Großbritannien keine Zulassung hatte. So begann er, an einer Waldorfschule beratend mitzuarbeiten. Über die „Telephone Samaritans", eine Art Telefonseelsorge, wurden ihm zunehmend Mütter zur Beratung geschickt. Aus dieser anfänglichen Erziehungsberatung erwuchs dann seine spätere Tätigkeit als Lebens- und Biographieberater. Es sprach sich herum, daß man sich bei Hans Schauder beratende Hilfe in Lebenskrisen holen konnte. So wurde er zur menschlichen Zuflucht nicht nur bei Eheproblemen und individuellen Lebenskrisen, sondern auch für sogenannte Sondergruppen wie Homosexuelle, Slumbewohner, Delinquenten, Hinterbliebene, Sterbende.

Als die zentrale Kraftquelle seiner Arbeit benennt er die Bibel, ein religiöses Element, das für ihn ebenso in den Reden des Buddha, der Bhagavadgita und in den Worten der Mystiker lebt.

Hans Schauder hat auch Gedichte geschrieben (siehe unten) und in dem Buch „Wege zu hellen Wassern“, Stuttgart 1984, veröffentlicht. Desweiteren ist er zusammen mit Marcus Lefébure Autor von „Lebensberatung. Ein Weg zu Wandlung und Geborgenheit. Ein anthroposophischer Arzt und ein katholischer Mönch im Gespräch.“ Dornach 1987.

In dem Interview mit Hans Schauder ging es vor allem um den spirituellen Aspekt der Beratungsarbeit. Schauder sieht im *Schulungsweg des Beraters und in der religiösen, ehrfürchtigen Haltung des Beratenden die Kraftquelle und die Berechtigung des Beratens.* Die esoterische Schulung des Beraters schafft eine tragende Substanz, in die auch der Ratsuchende mit aufgenommen ist. Ziel der meditativen Arbeit des Beraters ist deswegen weniger Erkenntnis als vielmehr eine ruhevolle, friedliche Grundhaltung des Beraters, an der der Ratsuchende sich selbst neu, weil gelassen, begegnen kann. An dieser Haltung des Beraters spiegeln sich für den Klienten sowohl seine Ängste, seine Schattenseiten, seine Versäumnisse wie auch seine Aufrichtekräfte, sein Urbild. Der Berater spiegelt hier etwas mit Ruhe und Wärme zurück, was vom Klienten in seinem Alltag nur kalt und verzerrt erlebt wird. Das ermöglicht dem Klienten eine aktive Haltung seinem Leben gegenüber, es ermöglicht ihm den aktiven Zugriff in Lebenskrisen, denen er sich zunächst passiv ausgesetzt sah.

Ziel der Arbeit ist nicht einfach das Lösen von Problemen, sondern Ziel ist es, eine *Wandlung* auf den Weg zu bringen, die dem Wesen des Klienten, seinem Urbild, immer genauere Gestalt gibt.

Eine solche Beratungshaltung führt über das übliche professionelle Klient-Berater-Verhältnis hinaus und sucht eine Begegnung von Ich zu Ich. Hier ist ein hohes Maß an Wachheit und Selbstlosigkeit vom Berater gefordert, damit es nicht zu Abhängigkeiten vom Berater kommt. So führt das Thema der Qualität der Begegnung zwischen Berater und Klient wieder zum Ausgangspunkt zurück: dem Schulungsweg des Beraters.

Sein Gedicht „Das Gespräch“ (aus: „Wege zu hellen Wassern“, Stuttgart 1984) scheint mir seine Haltung als Berater auf den Punkt zu bringen:

Reich mir dein Wort und forme es zum Krug,
daß ich mein Lauschen in sein Inneres gieße,
in seinen Grund mein tiefstes Lieben fließe ...
so dein zu werden, es ist mir genug.

Laß deine Lippen dann im Schweigen ruhn.
Es schwebt dein Hauch, dem meinen sich zu finden –

ein nie Gesagtes wird sich uns ergründen
und nie Geahntes in uns Taten tun.

Gib deine Hand, auf daß sich schließt der Kreis,
denn ein Geheimnis will uns ganz umfangen –
die dunkle Angst, das flackernde Verlangen
wandelt die Stille in das reine Weiß.

(Hans Schauder)

Der Schulungsweg als Quelle der Beratungsarbeit

Mathias Wais: Seit Jahrzehnten stehen Sie in der Lebens- und Biographieberatung. Aus welchen Quellen heraus arbeiten Sie?

Dr. med. Hans Schauder: Es ist mir immer klarer geworden, daß hierfür die Frage des Schulungsweges eine ganz zentrale Frage ist. – Halten wir einen Moment inne und machen wir uns klar, daß damit etwas sehr Weitreichendes ausgesprochen ist. Denn wir nehmen ja nicht nur große Anstrengungen auf uns, wenn wir den Schulungsweg gehen, sondern auch eine Reihe von Verpflichtungen und Verantwortungen. Man kann nicht groß genug davon denken.

Wenn wir uns also in der richtigen Weise schulen, kann der Patient in uns einer Art Idealbild begegnen. Das menschliche Bild, der menschliche Zustand, der dem Klienten im Berater begegnet, ist ganz entscheidend. Wir müssen ja versuchen, dem Klienten eine erhöhte innere Klarheit entgegenzubringen. Der Schulungsweg erlaubt, die Dinge klarer zu sehen, ruhiger zu sehen, weil er zu einer friedvollen Haltung führt. Je geschulter wir sind – und das heißt im entscheidenden Sinn des Wortes, je *menschlicher* wir sind –, desto klarer werden wir die Dinge wahrnehmen. Es ist so, wie Rudolf Steiner es immer wieder gesagt hat: Dadurch, daß man sich in das Wesen der Dinge, in das Wesen eines Menschen versenkt und nicht mehr spekuliert, beginnt das Wesen selbst, der innere Mensch selbst zu einem zu sprechen.

M.W.: Was gehört zum Schulungsweg des Beraters dazu?

H. Schauder: Da gibt es zunächst ein paar grundlegende Dinge. Sie sind ebenso lapidar wie schwierig. Nehmen wir als Beispiel den innerlich gesammelten Tagesbeginn: Man soll morgens, bevor man noch überhaupt etwas tut und bevor man noch irgendeine Speise zu sich genommen hat, eine vollkommene Ruhe der Seele herstellen, die Aufmerksamkeit von allen äußeren Sinneseindrücken und gewöhnlichen Verstandesvorstellungen ablenken. Ebenso soll man sich nicht Erinnerungen an gewöhnliche Erlebnisse hingeben. Auch die Sorgen des Alltags müssen schweigen (siehe Rudolf

Steiner: Anweisungen für eine esoterische Schulung. GA 245, Sonderausgabe, Dornach 1979, S.38).

M.W.: Eine solche Anweisung von Steiner hört sich ja zunächst immer einfach an. Welche Erfahrungen haben Sie damit gemacht?

H. Schauder: Es gibt gewisse Hilfen, die ich benütze. Ich habe ein eigenes Schlafzimmer, dadurch habe ich also morgens Ruhe und kann aufstehen, wann und wie ich will. Das erste, was ich tue – es entspricht nicht ganz der Anweisung Steiners –, ist, einen Schluck Kaffee zu nehmen. Dann versuche ich, dem zu widerstehen, daß ich zum Beispiel gerne die gerade angekommene Post öffnen möchte. Eine unglaubliche Versuchung! Und auch in die Zeitung zu schauen, muß ich mir energisch verbieten, und das Telefonklingeln muß ich mit großer Anstrengung ignorieren.

M.W.: Wie gehen Sie mit der Anweisung um, Sorgen beiseite zu lassen?

H. Schauder: Ich versuche zu akzeptieren, daß da ein Problem ist, das mich bedrückt, wehre mich eigentlich nicht dagegen. Aber ich schreibe es mir einfach auf, ein paar Stichworte, zwei Zeilen. Das wirkt wie eine Art Objektivierung oder Distanzierung. Ich kann dann etwas davon zurücktreten.

Aus der Ehrfurcht beraten

M.W.: Was gehört zur Schulung noch dazu?

H. Schauder: Der Alltag selbst ist die elementarste Schulungsmöglichkeit. Mit welcher Wachsamkeit begegne ich meiner Umwelt? Wie stelle ich mich dazu? Wie gestalte ich die Beziehungen zu den Menschen in meinem Alltag? Der Umgang mit dem achtgliedrigen Pfad, der auf Buddha zurückgeht und über den Steiner im Vortragszyklus über das Lukasevangelium (GA 114) ausführlich spricht, kann hier eine große Hilfe sein. – Dann gehört hinzu, daß ich mich in das Kultur- und Bildungsgut der Menschheit einlebe. Alltag und Kulturgut erziehen mich zur Ehrfurcht. Man kann nur aus der Ehrfurcht heraus beraten.

M.W.: Mit welchen Kulturgütern arbeiten Sie speziell?

H. Schauder: Außer den geisteswissenschaftlichen Texten ziehe ich zum Beispiel die Gespräche des Buddha heran oder die Bhagavadgita, die Texte des Thomas a Kempis, wie es Steiner auch empfiehlt (siehe Rudolf Steiner: Wie erlangt man Erkenntnisse der höheren Welten? GA 10, Tb., Dornach 1975, S.72). Ich habe über Jahre mit buddhistischen Texten meditativ gearbeitet. Ich glaube, es steht jedem frei, welche Texte er da heranzieht. Der Schulungsweg zielt ja auf eine freie und selbständige Persönlichkeit. – Eine wesentliche Quelle sind mir auch die Worte des Johannesevangeliums.

Hinzurechnen möchte ich Werke von Plato, Goethe oder auch Rilke. Übrigens darf in der schulenden Auseinandersetzung mit sich selbst und der Welt der Humor nicht zu kurz kommen. Man kann sonst in eine starre

Feierlichkeit geraten. Rudolf Steiner hat ja auch die humorvolle Seite des Lebens sehr gepflegt.

Durch die Schulung entsteht ein Schutz

M.W.: Was ist für den Berater das Ergebnis der Schulung?

H. Schauder: Es wird eine geistige Substanz erarbeitet, die wie eine Hülle wirkt.

M.W.: Ist es eine Art Schutz?

H. Schauder: So kann man sagen. Es entsteht eine Hülle, in die man sich zurückziehen kann. Es ist nicht so, daß man immun wird gegen das, was einem als Berater begegnet, sondern es entsteht eine Ruhesubstanz, eine Fähigkeit, ähnlich einer guten Verdauung, diese Dinge wesenhaft zu verarbeiten. Man kann ja sogar ganz direkt, wie Steiner das angibt, sich auf das Wort „Ruhe" meditativ konzentrieren. Die Ruhe ist wirklich das zentrale. Es ist ein Aufruf an alles das, was an geistiger Substanz möglich ist. Es ist schwieriger, als man denkt, und muß ständig erübt werden.

Das Ziel der Meditation

M.W.: Können Sie etwas über Ihre eigentliche meditative Arbeit sagen?

H. Schauder: Auch hier möchte ich auf das Grundlegende hinweisen, das Steiner schon sehr früh formuliert hat. Ich bin selbst damit aufgewachsen, daß Meditation Erkenntnisarbeit sei. Diese Meinung kann dazu führen, daß man einen Vortragszyklus Steiners nach dem anderen liest und über die dort niedergelegten Offenbarungen meditiert. Das ist sicher kein Fehler, aber es scheint mir in der Meditation um etwas viel Grundlegenderes zu gehen. In den Briefen an die Mitglieder der ersten Esoterischen Schule (in GA 264) spricht Steiner in einer sehr ausführlichen und eindrucksvollen Weise über Meditation. Er hat dort, am Anfang seiner Lehrtätigkeit, den Mitgliedern ganz detaillierte Angaben gemacht, was und wie sie meditieren sollen, er ist auf ihre Schwierigkeiten eingegangen. Ich glaube, daß diese Dinge aus der Anfangszeit oft zu wenig beachtet werden. Er betont dort, daß unsere anthroposophische (damals noch theosophische) Arbeit ohne eine esoterische Zentrierung nicht möglich sei. Nun sagt Steiner dort über das *Ziel der meditativen Arbeit:*

„Ihre Schulung wird nur die richtige sein, wenn Sie Ihnen nichts nimmt und zu dem, was Sie haben, manches hinzugibt: an Gesundheit, Kraft des Lebens, Sicherheit des Wirkens und innerem Frieden, den der Mensch nicht um seinetwillen, sondern für die Mitmenschen braucht. Kein Wirken dient der Menschheit, das nicht aus innerem Frieden stammt. Jedes Wirken, das aus einer innerlich unbefriedigten Seele stammt, zerstört die gesunde Menschheitsentwicklung, wo es auch immer statthat.“ (Rudolf Steiner: Zur Geschichte und aus den Inhalten der ersten Abteilung der Esoterischen Schule 1904 bis 1914. GA 264, Dornach 1984, S.41 f.)

Sie sehen also, es geht um den inneren Frieden, die innere Sicherheit, die einen im Leben führt und die Ihnen die Möglichkeit gibt, Dinge zu entscheiden, zu sehen, zu verstehen, die Sie früher nicht gesehen und nicht verstanden haben.

M.W.: Könnten Sie das noch spezieller auf die Beratungsarbeit beziehen?

H. Schauder: Es wird in der Meditation selbst oft gar nichts Greifbares erreicht. Aber man kann erleben, daß der Berater am Klienten plötzlich etwas versteht oder überhaupt wahrnimmt, das er eben nicht wahrnehmen oder verstehen konnte, bis er sich um eine bestimmte Meditation bemüht hatte.

M.W.: Die Meditation würde sich also oft erst außerhalb der eigentlichen meditativen Situation auswirken?

H. Schauder: Genauso ist es. Sie können zum Beispiel tagelang über ein bestimmtes Porträt, sagen wir eines modernen Künstlers, meditieren. Dann auf einmal, in der erneuten Begegnung mit einem Klienten, haben Sie ein Bild seines innersten Wesens vor sich. – Es ist der Alltag, der eigene, aber eben auch der des Klienten, mit dem man sich neu und tiefer verbindet, indem man sich als Berater um Meditation bemüht.

M.W.: Wie kann man sich in diesem Zusammenhang die Wirksamkeit der Meditation vorstellen?

H. Schauder: Es öffnen sich in einer ganz zarten Weise durch die Meditation Wahrnehmungsorgane. Das wird Ihnen zunächst gar nicht bewußt. Aber wenn Sie dann in Situationen kommen oder mit Menschen zusammenkommen, wo Sie jetzt diese Wahrnehmungsorgane brauchen, dann bemerken Sie eben, daß Sie neue Wahrnehmungsmöglichkeiten haben.

M.W.: Wie wirkt sich die meditative Arbeit am einzelnen Klienten aus? Inwiefern kann man den Klienten in die eigene meditative Arbeit hineinnehmen?

H. Schauder: Die meditative Arbeit am einzelnen Klienten führt nicht so sehr zu unmittelbaren Erkenntnissen. Vielmehr kann man längerfristig erleben, daß der Klient zu einer Verwesentlichung kommt, zunächst innerhalb des Beratungsgespräches, dann kommt er zu dieser Verwesentlichung aber auch in seinem Alltag.

M.W.: Erkenntnis ist also gar nicht das primär Wesentliche bei der Meditation des Beraters?

H. Schauder: Es geht um das Heranbilden einer intuitiven Erkenntnis, die da wirksam wird, wo sie tatsächlich, weil eine Frage- oder Notsituation da ist, gebraucht wird. Es geht nicht um eine herbeimeditierte Erkenntnis.

Unaufhaltsames Werden
Andrias (Andreas Frister)
1991, freistehendes Relief, Bronze, 130 x 110 cm

Das, worum es hier geht, kann auch aus der Tiefe des Gebetes heraus entstehen.

M.W.: Es ist also eigentlich paradox. Man bemüht sich da um etwas, auf das man gar nicht direkt abzielen kann.

H. Schauder: Man darf es nicht auf eine Erkenntnis abgesehen haben. Es geht um ein Loslassen. – Ich halte dies für die eigentlichen Früchte der Meditation. Das andere, wenn man innerhalb der Meditation Erkenntnisse verlangt, kann sogar eine Giftwirkung entfalten.

M.W.: Wie ist das zu verstehen?

H. Schauder: Es gibt einen Erkenntnisegoismus. Erkenntnis ist nicht das letzte Ziel. Das letzte Ziel ist der geläuterte, befriedete Mensch. Der Fortschritt kommt dadurch, daß die Seelen vorangebracht werden, wie Steiner im selben Band sagt (GA 264, S.364) – die Seelen, nicht nur die Erkenntnisfähigkeiten!

M.W.: Nehmen Sie den Klienten in Ihre meditative Arbeit innerlich mit hinein?

H. Schauder: Natürlich. Das ist sehr wichtig. Es geschieht ja übrigens auch ganz von alleine. Gerade etwas, das Sie vom Klienten her aktuell irgendwie belastet – warum hat er in jener Situation so und so reagiert? –, das nehmen Sie selbstverständlich auch ohne Ihr weiteres Dazutun in Ihre Meditation mit auf. Das kann sich auch geradezu da hineindrängen. Es will zu Ihnen. Sie sollen es tragen für den Klienten. Es kann ja geradezu mit einer bittenden, flehentlichen Geste zu Ihnen kommen, in Ihre meditative Situation hinein.

M.W.: Wie Sie es in Ihrem Gedicht „Neue Kindheit" formulieren: „... Siehe, es kommen ans Herz dir zu rühren, die dich als Freund und als Bruder erkannt ..."

H. Schauder: Es wird darauf ankommen, daß Sie in Ihrer Meditation diese Menschen in die Wandlung hineinnehmen, die sich in Ihnen vollziehen mag. Das ist der intimste Aspekt der Beratung. Es ist der bewegende Aspekt der Brüderlichkeit.

Das Urbild des Klienten

M.W.: So ist es der Wesenskern, das Urbild des Klienten, mit dem wir uns brüderlich verbinden. Wie finden Sie persönlich zu diesem Urbild?

H. Schauder: Der Mensch, dem ich da begegne, ist für mich wie ein Kunstwerk, das ich versuche, langsam kennenzulernen, langsam zu enträtseln. Ich habe nicht eigentlich eine Methode dafür. Ich versuche, mich in die Welt des Klienten einzuleben, so wie ich vielleicht eine Stadt kennenlernen würde. Dann suche ich nach einem Berührungspunkt mit dem Klienten, der ihm die Berührung mit mir möglich macht. Wofür interessiert sich dieser Mensch? Was bewegt ihn? Wenn er sich für, sagen wir, Opern interessiert, gut, dann sprechen wir über Opern. Jetzt beginnt sich sein seelisches Wesen zu bewegen. Von da aus kann man das Gespräch weiterführen. Das geht oft nur sehr allmählich. Man darf nicht drängeln. Ich versuche, mich in die Charaktere einzuleben, die die Welt des Klienten bevölkern. Georges Simenon zum Beispiel kann einem das gut vormachen. Ich gehe mit diesen Charakteren sozusagen spazieren, bis ich das Gefühl habe: Darum geht es. Man darf auf keinen Fall ins Spekulieren kommen.

M.W.: Sie versuchen also nicht, irgendwelche psychologischen Theorien anzuwenden?

H. Schauder: Man muß loslassen, gar nichts wissen wollen, sich ganz diesem fremden Menschen öffnen. Wie Steiner sagt: Das, was man da aufnimmt, den tieferen Wesensgliedern einverleiben. Die Weisheit der tieferen Wesensglieder wird sich dann kundgeben. Die Dinge sprechen sich dann selbst aus. Alle Konzepte und Theorien sind mir verdächtig und sind mir ein Mühlstein. Ich muß versuchen, auf das Urphänomen dieses speziellen Menschen hinzuschauen ohne irgendwelche Vorsätze, ohne Gescheitheiten. Eben so, wie man ein Kunstwerk anschaut. Man kommt dem Kunstwerk auch nicht auf die Spur, indem man es in kunstwissenschaftliche Raster zerlegt. Man kann das Wesenhafte nicht mit irgendwelchen Methoden finden.

M.W.: Wie wirkt sich diese Begegnung mit dem Urbild des Klienten dann für diesen aus?

H. Schauder: In der Wandlung. Worin diese besteht, ist nicht vorauszusehen. Sie kann alle Wesensglieder ergreifen, sie kann zum Beispiel auch nur die Gefühlsebene betreffen. Das Verhalten kann sich ändern. Manchmal tritt die Wandlung auch erst viel später ein, nachdem der Kontakt mit dem Klienten schon längst abgeschlossen ist.

M.W.: Sie lassen also auch insofern los, als Sie nicht direkt eine Wandlung innerhalb der Serie von Beratungsgesprächen ansteuern?

H. Schauder: Ja, man muß damit rechnen, daß man oft erst nur einen Samen pflanzt. Aufgehen kann er anderswo. Das Wesentliche ist, daß wir das in uns tragen, was es mit dem Klienten auf sich hat. Das hat wieder mit Brüderlichkeit zu tun. Dazu ist der ständige äußere Kontakt mit dem Klienten gar nicht notwendig. Es geht nicht darum, daß der Klient einen guten und effizienten Rat bekommt, sondern daß innerlich etwas mit ihm geschieht. Dann ist etwas von oben dazugekommen.

Die Spiegelung am Berater

M.W.: Können Sie etwas darüber sagen, was der Klient am Berater erlebt?

H. Schauder: Der Berater wirkt in zweifacher Weise wie ein Spiegel. Zunächst spiegelt sich dem Klienten am Berater seine Alltäglichkeit, sein Alltags-Ich. Das können ja auch unangenehme Dinge sein. Ein tief religiöser Mensch, vom Ideal der Nächstenliebe durchdrungen, bemerkt zum Beispiel, daß er Haß- und Rachegefühle hat. Aber da sitzt er nun einem Menschen gegenüber, der sich ruhevoll und friedvoll dazu stellt. Weil der Berater jetzt aber nicht unmittelbar darauf reagiert, nicht so darauf reagiert, wie man es im Alltag tun würde, also zum Beispiel auch mit Wutgefühlen oder irgendwie verurteilend, wird für den Klienten etwas Dahinterliegendes sichtbar. Sein eigenes Urbild tritt immer mehr in Erscheinung. Es ist eine ruhige Selbstbegegnung. So spiegelt sich auch schließlich der eigene Wesenskern am Berater. Das wird dadurch möglich, daß Sie eben als Berater außerhalb des Alltäglichen stehen. Sie hören außerhalb Ihres Alltags-Ich zu.

M.W.: Wie erlebt der Klient diese Begegnung mit dem eigenen Urbild?

H. Schauder: Das kann geradezu Aufrichtekräfte in ihm wachrufen und ihm Kraft geben. Am Anfang kann es aber auch fast eine Überforderung sein. Einfach weil der Klient natürlich zugleich sieht, wie weit er davon entfernt ist.

M.W.: Wie gehen Ihrer Erfahrung nach Klienten damit um?

H. Schauder: Manche wollen zunächst gar nicht verstehen, daß es um ihr eigenes Urbild geht. Sie sehen statt dessen den Berater in einem idealischen, überhöhten Bild.

M.W.: Wie reagieren Sie darauf?

H. Schauder: Mit Gelassenheit. – Hier ist die Stelle, wo die „Action Therapy", wie ich es nenne, ihren Platz hat. Ich versuche, indem ich dem Klienten Übungen gebe, Anregungen gebe zu Lernprozessen, ihm den Weg zu zeigen von dem Punkt, wo er steht, sein Alltags-Ich, zu dem Punkt, wo er sein Wesen erfüllt, dem eigenen Wesen Gestalt gibt. Ich versuche, eine Verbindung zu schaffen zwischen dem, was ist, und dem, was sein kann.

Action Therapy

M.W.: Worum geht es in der Action Therapy?

H. Schauder: Es geht darum, den Menschen an sich selbst tätig zu machen. Das sind immer ganz individuelle Dinge. Den einen fordere ich zum Beispiel auf, einen Garten anzulegen; dem anderen schlage ich vielleicht vor, Russisch zu lernen. Es ist wesentlich, den Klienten zum Lernen zu bringen. Das öffnet. Das öffnet auch für Dinge, die zunächst gar nicht gelernt werden, weil eine suchende, fragende Haltung gegenüber dem Leben überhaupt einsetzt.

M.W.: Kann man es so sehen, daß man sich im Lernen aktiv zur Zukunft stellt?

H. Schauder: Darauf kommt es an. Und dieses Sich-aktiv-zur-Zukunft-Stellen muß da anfangen, wo der Klient gerade steht.

M.W.: Würden Sie dem Klienten im Rahmen der Action Therapy auch Meditation empfehlen?

H. Schauder: Im Prinzip schon. Aber man muß hier stark berücksichtigen, ob man mehr einen Kopfmenschen, einen Gefühlsmenschen oder einen Willens- und Tatmenschen vor sich hat. Entsprechend müssen die Meditationen, die ich vorschlage, passen. Besonders schwierig sind Tatmeditationen. Es geht hier um Ritualisierung, um andachtsvolles Umgehen mit Pflanzen, Tieren, mit den Gegebenheiten des Haushalts etc.

Ist Biographieberatung überhaupt berechtigt?

M.W.: Innerhalb der anthroposophischen Szene gibt es durchaus auch Vorbehalte gegen Biographieberatung. Es wird zum Beispiel von einigen befürchtet, daß durch die Reflexion über den eigenen Lebenslauf, über grundsätzliche Themen, die jeden Lebenslauf durchziehen, etwas Unspontanes hineinkommt, etwas Künstliches. Wie würden Sie sich dazu stellen?

H. Schauder: Das ist unsinnig. In jeden menschlichen Prozeß kann etwas Künstliches hineinkommen – oder es kann etwas Schöpferisches hineinkommen, etwas Richtiges und Gesundes. Es ist eine Notwendigkeit und ein menschliches Bedürfnis, besonders ab der Lebensmitte, über das eigene Leben nachzudenken. – Die Frage ist natürlich, wie man das macht. Blickt man objektiv auf das, was das Leben gebracht hat, was es beinhaltet, worum es geht, blickt man objektiv auf das, was man vielleicht versäumt hat? Blickt man in einer gemäßigten Art auf diese Dinge, so kann das nur heilsam und hilfreich sein. Und es ist sekundär, ob man das mit einem guten Freund oder allein oder eben mit einem Berater macht. Man wird immer auch Schwieriges, Unangenehmes dabei entdecken, Versäumnisse, vertane Chancen. Da kann ein distanzierter Berater schon nützlich sein. Man kommt zu einer Ehrlichkeit dem eigenen Leben gegenüber meist eher mit Hilfe eines Beraters.

M.W.: Worin besteht der Wert solcher Nüchternheit, die der Berater zur Reflexion beiträgt?

H. Schauder: Das objektive, nüchterne Bild vom eigenen Leben ist impulsierender als das nach eigenen Eitelkeiten entworfene, womöglich selbstverliebte Bild vom eigenen Leben, wie es uns zum Beispiel in sogenannten Autobiographien oft entgegenkommt. Sie sind meist ungenießbar. Sie entzünden keine Impulse.

M.W.: Kommt hier wieder die Spiegelfunktion des Beraters ins Spiel?

H. Schauder: Ja. Man kann ein richtiges Bedürfnis haben, einem anderen Menschen sein eigenes Leben zu erzählen. Ich habe das einmal für

Aus der Holzschnittserie „Die Lebensalter"
Frans Masereel

mich selbst versucht, indem ich mir meine verschiedensten Lebensphasen in Stichworten aufgeschrieben habe. Dann hatte ich das objektiv und nüchtern vor mir und habe mich bei jeder Phase gefragt: Was hast Du eigentlich hier wirklich Wesentliches gemacht, und wen hast Du da wirklich geliebt?

M.W.: Wie hat sich diese Selbstbilanz damals ausgewirkt?

H. Schauder: Es ist etwas Komisches passiert: In der Zeit, als ich mich um diesen objektiven Rückblick bemühte, sind viele der Menschen wieder aufgetaucht, die ich schon Jahre oder Jahrzehnte nicht mehr gesehen hatte. Oder plötzlich haben manche wieder geschrieben.

Gibt es eine Abhängigkeit des Klienten vom Berater?

M.W.: Die Berechtigungsfrage beinhaltet auch die Befürchtung, daß der Klient vom Berater irgendwie abhängig werden könnte. Wie sehen Sie das?

H. Schauder: Die Gefahr ist da, ja. Aber durch eine selbstlose meditative Arbeit des Beraters kann es dazu nicht kommen.

M.W.: Sie würden das entscheidende Element in der Selbstlosigkeit sehen?

H. Schauder: Genau. Meine Selbstlosigkeit, wenn sie mir gelingt, macht den anderen frei, auch von mir. Dann spielt hier die Action Therapy eine wesentliche Rolle. Sie soll dem Klienten ja zeigen, wie er selbst seine Dinge aktiv gestaltend in die Hand nehmen kann. Ich löse ja dem Klienten nicht seine Probleme. Er packt sie selbst an. Auch das befreit und bindet nicht. Letztlich kommt hier alles auf die innere Haltung des Beraters an. Er darf den Klienten nicht zu seinem „Schüler" oder ähnlichem machen wollen.

M.W.: Hier knüpfen sich die Fragen an über die Rolle und Berechtigung eventueller privater Beziehungen zum Klienten. Von manchen Klienten wird das ja gewünscht oder jedenfalls gesucht. Wie stellen Sie sich dazu?

H. Schauder: Ich sehe das nicht so strikt. An den Anfang der Beratung gehört das natürlich überhaupt nicht. Da ist der Klient sehr aufgewühlt. Da gehört der Schutz meiner Klarheit und Objektivierungsfähigkeit als Berater hin. Ein Übergleiten ins Private an dieser Stelle würde in der Tat den Klienten an mich binden.

Aber später mag es sich ergeben, und es hat sich für mich auch einige Male ergeben, daß im Laufe der Jahre Klienten Freunde meiner Familie geworden sind. Das geht schon. Natürlich muß man da vorsichtig sein. Es hängt hier alles von der inneren Gesinnung ab. Ich habe nie versucht, das liegt nicht in meiner Natur, zu kühl-distanziert zu sein. Ich versuche immer, ein warmes, freundschaftliches Klima herzustellen. Der Klient soll durchaus fühlen, daß mir daran liegt, daß es ihm gut geht, daß sein Leben sich entfaltet.

Aus der Holzschnittserie „Die Lebensalter“
Frans Masereel
© SPADEM, Paris, 1992
VG Bild-Kunst, Bonn, 1992

Darf der Berater zur Trennung raten?

M.W.: Die Berechtigungsfrage wird ganz konkret und aktuell, wenn ein Ehepaar mit der Frage zur Beratung kommt, ob es sich trennen soll. Kann der Berater berechtigt sein, gegebenenfalls zur Trennung – oder auch zum Zusammenbleiben – zu raten?

H. Schauder: Also, man wird zunächst die Situation dieser Ehe verantwortungsvoll prüfen. Gibt es noch Verbindungen zwischen den beiden? Sind sie zum Beispiel auf sexuellem Gebiet noch verbunden? Ein Mann und eine Frau, die sexuell glücklich miteinander sind, werden sich kaum jemals trennen. Die Schwierigkeit ist, daß die Leute darüber nicht reden. Da braucht es eben den Berater, daß da überhaupt einmal über solche Themen ein Gespräch zustande kommt. Da liegt zunächst einmal seine Berechtigung.

Ich versuche in so einem Fall, immer erst mit den Leuten einzeln zu reden, weil sie zusammen zu befangen sind. Und dann ist es eben meine Aufgabe, das Gespräch zwischen den beiden wieder in Gang zu bringen, nachdem ich von jedem einzelnen gehört habe, was ihn da belastet.

M.W.: Begleiten Sie eine solche Trennungsfrage auch mit konkreten Ratschlägen?

H. Schauder: Ja. Ich schlage dann oft vor, wenn das Paar oder einer von beiden auf eine Trennung zusteuert, daß man sich nicht gleich endgültig trennt, sondern zunächst einmal nur für drei Monate. Dann sollen sich die beiden wieder treffen, aber sollen nicht gleich wieder in ihren früheren Alltag zurück und auch nicht gleich wieder zusammen ins Bett, dann fängt nämlich der Trouble wieder von vorne an, sondern sie sollen sich zum Beispiel in einem Café treffen. Dann sollen sie ins Gespräch kommen und sehen, ob etwas Neues für sie entstanden ist, etwas, woran sie gemeinsam anknüpfen können oder eben nicht.

M.W.: Die Berechtigung der Beratung läge also in der nüchternen Begleitung bis zur Entscheidungsfindung, nicht in einem Ratschlag, der dem Klienten die Entscheidung abnimmt?

H. Schauder: So ist es. Auch in anderen Krisen braucht man oft eine Führung. Das wird sich auch noch ausweiten, da bin ich sicher. Altersberatung, Ruhestandsberatung sind schon auf mich zugekommen. Ein anderer Bereich, der auch schon entstanden ist, ist die Hinterbliebenenberatung. Es kommt öfter vor, daß ich jemanden beraten und führen muß, der einen Partner, einen nahen Angehörigen verloren hat. Das erfordert äußerste, geduldige und dogmenfreie Konzentration, damit der Hinterbliebene sich mit der Zukunft verbinden kann. Ich beobachte auf diesem Gebiet eine gewisse Hilflosigkeit, selbst bei Pfarrern der großen Kirchen. Wenn wir da keine solide und engagierte Beratung finden, wird dieses Gebiet psychiatrisiert.

M.W.: Sie meinen, man macht eine seelische Krankheit daraus?

H. Schauder: Ja. Oder es kommen die Spiritisten.

Der Berater als Guru?

M.W.: In der Lebens- und Biographieberatung geht es darum, die Autonomie des Klienten zu fördern. Haben Sie es andererseits erlebt, daß Ihnen ähnlich einem Guru Heilserwartungen von Klienten entgegenkamen?

H. Schauder: Das gibt es. Das einzig legitime Motiv meiner Arbeit ist es, dem Klienten zu seiner Freiheit und Autonomie zu verhelfen. Wenn ich ihn aus Eitelkeit oder unerkannten Machtgelüsten an mich binde, dann hat er in der Tat seine Autonomie verloren. Ich muß in allem, was der Klient in die Beratungssituation einbringt, die Ansatzpunkte zu seiner Selbstbestimmung finden. Es wäre ein soziales Vergehen, hilflose, ratsuchende, orientierungssuchende Menschen in dieser Guru-Art von mir abhängig zu machen. Denken Sie etwa an die Jugendsekten. Denen geht es darum, aus der Orientierungslosigkeit der Menschen Kapital zu schlagen.

M.W.: Worauf kommt es in diesem Zusammenhang für den Berater an?

H. Schauder: Es gibt ja jetzt bald nur noch Councellors, jeder will neuerdings Berater sein. Man möchte ein Weiser sein. Tatsächlich kommt es auf das Gegenteil an: daß man sich unter den Klienten stellen kann, daß man in Ehrfurcht zu ihm hinschauen kann, daß man sich durch ihn belehren lassen kann.

Wie geht man mit Versäumnissen um?

M.W.: Manche Klienten haben bestimmte Lebensthemen nicht aufgegriffen, haben bestimmte Anlagen und Impulse nicht verwirklicht. Nun erwarten sie vom Berater, daß er ihnen dazu verhilft, Ungelebtes nachzuholen. Wie gehen Sie damit um?

H. Schauder: Das gibt es natürlich, daß durch die biographischen Umstände oder auch durch eigene Schwächen manches nicht gelebt wurde, was als Aufgabe oder Möglichkeit da war. Es wird sich eben darum handeln, herauszufinden, ob es da um berechtigte Bedürfnisse geht, wenn jemand zum Beispiel in der Lebensmitte sagt: „Jetzt will ich noch einmal ganz neu anfangen“, oder ob es da um Lust und Laune geht.

M.W.: Wie finden Sie das heraus?

H. Schauder: Da gibt es nur eins: Der Mensch muß die Möglichkeit finden, das, wonach es ihn jetzt drängt, wenigstens ansatzweise, wenigstens teilweise, das braucht zeitlich ja gar nicht viel in Anspruch zu nehmen, zu leben, Anschluß daran zu finden. Der Bankier, der meint, er müsse eigentlich Maler werden, soll sich eine Staffelei kaufen. Er soll anfangen, abends, am Wochenende, soll sich einarbeiten in die Techniken. Aber, und das ist jetzt entscheidend, er sollte nicht auch gleich seinen Bankierposten räumen. Das hat ja noch Zeit. Ich würde also in solchen Fällen vorschlagen, zweigleisig vorzugehen. Oft ist es so, daß der Impuls, „Ich will Maler werden", in dem Moment verpufft, wenn man ihm konkret nachgehen kann. Und das Interessante ist, daß der Betreffende dann zufrieden ist. Die Spannung, die der Impuls seit langem in ihm erzeugt hat, ist jetzt weg, wo er durch das konkrete Tun gemerkt hat, das ist mir doch gar nicht wesentlich. Dann ist es erledigt. – Andere werden dann aber tatsächlich Maler. Der Impuls packt sie, die Sache selbst, sobald sie damit anfangen, und dann hat es auch seine Richtigkeit.

M.W.: Es ist also gar nicht der Berater, der über die Berechtigung entscheidet, inwiefern Ungelebtes verwirklicht werden soll.

H. Schauder: Der Klient selbst entscheidet es. Er kann durch dieses Vorgehen direkt erleben, ob sein Impuls für sein Leben wesentlich oder unwesentlich ist. Ich versuche, dem Klienten deutlich zu machen, daß er sich auf einer *Entdeckungsreise* befindet. Auch negative Erfahrungen können Orientierung geben und der Reise als Ganzes weiterhelfen. Aber man muß sich auf den Weg machen. Das geistig bewußte Reisen ist auf jeden Fall beschützt. Denken Sie nur an den Brief des Paulus an die Kolosser. Dort wird der Sinn des inneren Weges und des Endzieles ganz klar.*

---

* Die Beziehung der Esoterik des Paulus zur Anthroposophie betreffend vgl. René Querido: Dionysius the Aeropagite. Anthr. Quarterly, Vol. 23, 4, Winter 1978.

Am Abgrund entlang

INTERVIEW MIT MICHAEL PETROVIC

von Christine Pflug

Michael Petrovic, geboren 1947, verheiratet, Vater von vier Kindern (8 Monate bis 12 Jahre alt). Als Sozialtherapeut seit 1977 in verschiedenen sozialen Einrichtungen tätig, vor allem in der Beratung und Betreuung von seelisch erkrankten Menschen. Seit 1989 für die Werkgemeinschaft Alfred Rexroth e.V. tätig, vor allem im ambulanten Dienst (auch hier für seelisch erkrankte Menschen) und verantwortlich für die Beratungsstelle.

Lebt mit seiner Familie zusammen mit sieben Erwachsenen in einer therapeutischen Wohngruppe. Seine Frau ist dort als Wohngruppentherapeutin tätig.

Außerdem in dem Kollegium der Akademie für Sozialtherapie Wuppertal und dort in der Ausbildung für Sozialberufe auf anthroposophischer Grundlage als Dozent und Kursbegleiter tätig (siehe dazu unter „Ausbildungen" in diesem Heft, Seiten 159 ff.).

Ich bin
auf der Suche nach Jemandem
den ich nicht kenne
und der niemals zuvor
so sehr ich selber war
als seit ich ihn suche.

(e. Jabes)

Biographiearbeit ist nicht nur – auch wenn es oft so aussieht – eine Angelegenheit für mehr oder weniger gebildete und anthroposophisch orientierte Menschen. Es ist eine Frage an den Berater, welche Fähigkeiten er hat, mit welchen Menschen er sich schicksalsmäßig verbunden fühlt und dadurch einen Zugang zu ihnen findet. Manche Klienten, die in die Beratungsstelle zu Michael Petrovic kommen, stecken mit ihrem Lebenslauf so im Chaos, daß zunächst einmal ganz äußerliche Dinge geregelt werden müssen, wie zum Beispiel Schulden sortieren, Gerichtstermine bewältigen, einen Therapieplatz für Drogen- oder Spielsucht finden, ein Konto anlegen usw. Natürlich steht hinter diesem äußeren Chaos auch eine entsprechende

Beratungsstelle im Bahnhof Beyenburg in Wuppertal

innere Situation, in der sich die seelischen Abgründe auftun, die es aufzuarbeiten gilt. Michael Petrovic schildert, wie er in seinem eigenen Leben diese Abgründe durchgegangen ist, wie er damit gerungen hat und dadurch heute seinen Klienten Kraft und Verstehen entgegenbringen kann. In diesem Interview wird deutlich, wie sehr Biographiearbeit eine Schicksalsangelegenheit sein kann bzw. wie eine wirkliche Kompetenz eben auch aus der Bewältigung des eigenen Lebens entsteht und wie dann gerade die Menschen kommen, die mit ähnlichen Fragen ringen.

Das öffentliche Angebot der Beratungsstelle im Bahnhof Beyenburg in Wuppertal ist:

Lebensberatung	– persönliche Lebenskrisen
	– Konflikte Partnerschaft/Ehe
	– Erziehungsprobleme
Lebenshilfen	– konkrete Hilfen zur Bewältigung des Alltags
	– Wohnen
	– Arbeit
	– Geld, Schuldenberatung
	– Vermittlung an Fachleute
Angehörigenberatung	– von Menschen mit Suchtproblemen
	– von Menschen mit seelischen Erkrankungen

Christine Pflug: Welche Menschen kommen zu Ihnen in die Beratungsstelle?

Michael Petrovic: Das sind die unterschiedlichsten Menschen, seien es Jugendliche, seien es ältere Menschen, und alle haben verschiedene Anliegen. Manchmal sind es Fragen nach einer beruflichen Orientierung, manchmal persönliche Fragen, aber alle, die kommen, sind in ganz großen Schwierigkeiten. Die meisten haben auch schon vieles versucht, viele waren in anderen Beratungsstellen, und besonders diejenigen im mittleren Lebensalter haben oft schon diverse Beratungen hinter sich, aber fast alle stehen dann da und sagen: „Das hat alles nichts gebracht." Sie sind also nicht weitergekommen, die Schäden wurden eher größer und vielleicht zerbrach im Äußeren immer mehr. Sie bringen sozusagen einen großen Sack mit, den sie irgendwann einmal zugemacht haben, und der Berater oder Therapeut hat ihn dann womöglich noch einmal fester zugeschnürt. Sie haben sich bisher mit der äußeren Beschreibung dieses Sackes beschäftigt, aber mit mehr noch nicht.

Und nun geht es um zweierlei: Zum einen müssen die ganz aktuellen Probleme bewältigt werden, die in so eine Biographiearbeit immer hineinragen. Meist ist das Aktuelle so problematisch, daß die Menschen gar keinen klaren Gedanken fassen können, den sie bräuchten, um eventuell ihre Biographie zu betrachten. Wir gehen dann die ganz konkreten Probleme an, zum Beispiel gehe ich bei Schuldenberatungen mit den Menschen zu den Banken, fahre mit ihnen gegebenenfalls zur GLS (anthroposophische Gemeinschaftsbank), damit sie überhaupt erst einmal eine Beratung in Geldangelegenheiten bekommen.

Im zweiten Teil der Arbeit versuche ich dann mit den Klienten eine Betrachtung und Ordnung ihres Lebenslaufs zustande zu bekommen. Das äußerliche Chaos hat ja eine Ursache, und wenn man nur an den äußeren Erscheinungen arbeitet, ohne an die Ursachen heranzugehen, sind die Probleme in einem halben Jahr wieder da.

C.P.: Die bisher bekannte Biographiearbeit findet oft in Form von Kursen und Seminaren statt, oftmals in einem Tagungshaus, d.h. also nicht im Alltag, und sie wird meist von mehr oder weniger gebildeten und anthroposophisch orientierten Menschen aufgesucht. Ist im Gegensatz dazu das, was Sie tun, mehr Sozialarbeit?

M. Petrovic: Das ist sehr unterschiedlich. Etwa die Hälfte der Menschen, die zu mir kommen, sind anthroposophisch orientiert. Sie merken aber, daß ihnen die Anthroposophie, die sie sich nur angelesen haben, gar nichts nützt. Für unsere Arbeit ist es dennoch günstig, weil diese Menschen eine gewisse Vorbildung haben und wir dann besser in die Arbeit einsteigen können, da die Anthroposophie ja meine Grundlage ist. Aber im Grunde genommen versuche ich, dasselbe mit allen anderen auch zu machen.

Ich schlage zum Beispiel bestimmte Übungen – die sogenannten „Nebenübungen“ von Rudolf Steiner – vor und rate den Menschen, sie einfach mal zu versuchen. Es zeigt sich dann, daß diese Übungen lebenspraktisch sind und ihre Wirkung haben. Die Menschen können dann anders mit ihren Handlungen oder Gedanken umgehen, vielleicht finden sie mehr Ruhe, oder sie kommen zu einem anderen Umgang mit ihren Kindern usw. Das sind schlicht und einfach die Alltagsübungen von Rudolf Steiner, ich übe sie selbst und gebe sie so an die Menschen weiter.

Weiterhin arbeiten wir an den ganz individuellen Motiven der Menschen, und die Methode hängt dann von jedem einzelnen ab, zum Beispiel davon, ob er religiös gestimmt ist. In einem solchen Fall arbeiten wir zum Beispiel an Evangelienbildern. Diese religiösen Bilder sind Urbilder des Menschen und wirken auf die Biographie, ganz egal wie man dazu steht. Dann gibt es wiederum Menschen, mit denen ich mit Märchen arbeiten kann. Andere bringen etwas mit, was ihnen am Herzen liegt, und wir sprechen darüber.

Die Werkgemeinschaft Alfred Rexroth e.V.

C.P.: Wie erfahren die Menschen von Ihrer Beratungsstelle, und wie kommen sie hierher?

M. Petrovic: Diese Initiative ist ein Teil der Werkgemeinschaft Alfred Rexroth e.V. Die Werkgemeinschaft hat sich zur Aufgabe gemacht, Menschen mit seelischen Erkrankungen zu helfen. Innerhalb dieser Gemeinschaft gibt es Arbeitsbereiche, Wohn- und Werkstätten. Die Beratungsstelle ist vor allem auf meine Initiative hin entstanden und wird von der Werkgemeinschaft finanziert und getragen. Es ist also keine durch öffentliche Mittel geförderte Beratungsstelle. In Zusammenarbeit mit anderen Kollegen habe ich einen Prospekt entworfen, den dann überall in Wuppertal verteilt, zum Beispiel in Arztpraxen, habe ihn Menschen zum Weiterverteilen mitgegeben, und allmählich hat sich das herumgesprochen. Der Verein finanziert die Beratungsstelle, und daher ist jede Beratung kostenlos. Wenn jemand möchte, kann er einen bestimmten Betrag dem Verein spenden, und die meisten machen das auch.

Innerhalb unserer Beratungsstelle ist es ein Bestreben, daß sich ein Beratungskreis gründet. Wir treffen uns hier mit Mitarbeitern eines Therapeutikums – das sind Wuppertaler Ärzte, Kunst- und andere Therapeuten und ein Priester der Christengemeinschaft. Das sind alles Menschen aus dem Umkreis der Beratungsstelle. Wenn zum Beispiel bei der Arbeit bestimmte Probleme auftauchen und ich merke, daß der Klient eine andere Betreuung braucht, vermittle ich ihn zu Kollegen weiter. Vielleicht braucht er das Plastizieren oder muß zu einem Arzt oder sollte für bestimmte Fragen einen Priester aufsuchen. Auch kenne ich andere Therapeuten im ganzen Bundesgebiet, und wenn dann Menschen mit speziellen Anliegen kommen, sage ich auch, daß sie mit diesem oder jenem über ihre ganz spezielle Frage sprechen sollten. Ein Hauptteil dieser Arbeit hier ist also die Vermittlung von Begegnungen, und so kommen auf diesem Wege auch umgekehrt Vermittlungen an mich weiter.

Ich möchte einmal ein Beispiel nennen. Zur Zeit kommt eine Frau zu mir, die als Tänzerin arbeitet. Sie hat im Moment in ihren Lebenszusammenhängen Schwierigkeiten und ist außerdem auch körperlich sehr krank. Mit dieser Frau habe ich nun verschiedene Gespräche geführt. Dabei kamen auch ihre Intentionen – nämlich das Tanzen – zur Sprache. Sie wollte alles, was mit dem Leib zusammenhängt, künstlerisch so gestalten, daß sie es sichtbar ausdrücken konnte. Dieses Thema ist ihr ein großes Anliegen. Mitunter rief sie auch von ihren Tourneen aus an, um mir über ihre Aufführung zu berichten. Wir haben dann in weiteren Gesprächen verabredet, daß sie sich einmal mit einem Eurythmisten auseinandersetzen sollte, um genau diese Aspekte mit einem Fachmann zu erörtern. Es geht nicht darum, daß diese Frau Eurythmistin werden soll, aber es lebt in ihr sehr stark die Frage, wie sie ihre körperliche Ausdrucksfähigkeit erweitern kann. Es geht also lediglich darum, daß sie ihre Erfahrungen erweitert. Sie wird sich vielleicht mit einem Eurythmisten treffen und kommt dann mit den Erlebnissen in unsere Arbeit zurück. Davor hatten wir aber viele

Stunden an ihrer Biographie gearbeitet, was ihr auch sehr geholfen hat, und zwar so weit, daß sogar ihre körperlichen Beschwerden sichtlich zurückgingen. Das ist ein Phänomen und hängt wohl damit zusammen, daß die Frau einfach in eine Aktivität gekommen ist und ihre Lebenssituation ergriffen hat.

Ein Riesensack Schulden

C.P.: Schildern Sie doch einmal eine Situation, in der Sie mit den bekannten anthroposophischen Methoden nicht angekommen sind. Ich meine bei Menschen, die von einem Reflektieren über ihre Biographie oder von der Anthroposophie selbst gar nichts wissen möchten.

M. Petrovic: Es kam zu mir ein Mann, Ende dreißig, der war psychisch erkrankt, d.h. er hatte Depressionen und konnte nicht mehr arbeiten. Er rief mich an, weil er über andere von mir gehört hatte, und bat um ein Gespräch. Ich dachte zunächst, daß er wegen seiner psychischen Erkrankung käme, aber im ersten Gespräch stellte sich heraus, daß er mit seiner Arbeitssituation und allem anderen soweit zurecht kam. Das eigentliche Problem war, daß er einen Riesensack Schulden hatte, nämlich 90.000 Mark. Nicht am Anfang, aber in späteren Gesprächen erfuhr ich dann, daß er Spieler war (Spielautomaten).

C.P.: Hatte er diese großen Schulden durch das Spielen gemacht?

M. Petrovic: Das ist recht undurchsichtig. Man muß wissen, daß der Mann nicht aus Deutschland stammt, sondern aus einem südlichen Land. Er hatte mir anfangs erklärt, daß er mit dem gesamten Geld seine Eltern dort unterstützt hätte. Ich hatte mit den Eltern Kontakt aufgenommen, ihnen geschrieben und auch Antwort erhalten: Er hatte sie mit ungefähr 20.000 Mark unterstützt.

Er hatte in seiner Wohnung einen Spielclub aufgebaut

C.P.: Sind also die restlichen 70.000 Mark in die Automaten geflossen?

M. Petrovic: Ja, das kann man wohl annehmen. Er wohnt in einer Großstadt in einem ziemlich problematischen Stadtteil. Sein Vermieter und er hatten ständig Streitereien miteinander. Ich war auch einmal bei ihm zu Hause, um diese Streitereien zu schlichten. Der Mann selbst hatte ein offenes Herz, seine Wohnungstür war ständig für andere Menschen geöffnet. Es kamen meistens auch Südländer, und einige von ihnen kannte ich. Allmählich bekam ich dann heraus, daß sie in seiner Wohnung einen Spielclub aufgebaut hatten. Natürlich hatte ich versucht, mit dem Mann zu sprechen, aber es kamen dann die großen Reden, und ich merkte bald, daß dieses Thema zunächst tabu war. Also mischte ich mich da nicht weiter ein.

Zunächst wollte ich ihn unterstützen, mit seinen Schulden klarzukommen. Er hatte sein Geld auf einer großen deutschen Bank. Eine Bank, die gerne und problemlos Kredite vergibt, aber hohe Zinsen nimmt. Ich habe dann mit den Bankleuten gesprochen und bewirkt, daß für sein Konto nur eine Bearbeitungsgebühr, aber keine Zinsen mehr genommen wurden.

C.P.: Wie war das denn möglich?

M. Petrovic: Der Bank war klar, daß sie niemals etwas bekommen würde, wenn das so weiterginge. Die Zinsen hätten sich angehäuft, und es wäre nie etwas von meinem Klienten zurückgeflossen. Das Konto wurde stillgelegt, man konnte also nichts mehr davon abheben, und wir haben uns darauf geeinigt, daß mein Klient mit monatlich 300 Mark die Schulden abzahlen würde. Das Entgegenkommen von der Bank war ein Vertrauensvorschuß für mich. Die weiteren Verdienste meines Klienten kamen dann auf eine andere Bank und konnten nur abgehoben werden, wenn auch ich meine Unterschrift dazu leisten würde. Das ist ein Verfahren, das ich mit manchen Klienten mache: Wir haben sozusagen ein gemeinsames Konto, und sie können nur mit meiner Unterschrift Geld abheben.

Leider ging das Unternehmen in diesem Fall aber schief. Der Spieler kam dann öfter zu mir, wollte Geld oder dieses und jenes. Er erwischte mich einmal zu einem Zeitpunkt, an dem ich sehr beschäftigt war. Ich sagte daher: „Gib mir einmal ein paar Schecks, ich unterschreibe sie und dann bezahlst Du Deine Miete.“ Das war mein großer Fehler. Er machte mit den Schecks alles Mögliche, nur nicht das, was er machen sollte. Er rutschte in die Kriminalität ab, kaufte beim Versandhandel Sachen ein und verhökerte sie dann zu einem anderen Preis weiter. Schließlich hatte er noch mehr Schulden. Daraufhin habe ich veranlaßt, daß er gar nicht mehr an sein Konto herankommen konnte. Ich teilte ihm das Geld ein, das er im Monat brauchte, und überwies die Miete und alle anderen nötigen Ausgaben.

Wir sind so eine ganze Zeitlang einen gemeinsamen Weg gegangen. Er hat dabei gemerkt, daß ich ihm sozusagen treu bin und dranbleibe. Natürlich habe ich ihm auch meinen Ärger mitgeteilt, daß ich zum Beispiel bei der Bank auch einen Ruf zu verlieren hätte. Aber durch diese lange Zeit der Begleitung entstand ein Vertrauensverhältnis, so daß wir jetzt auch über seine Spielerei reden können.

C.P.: Wie lange war denn diese Anlaufzeit, in der Sie diese organisatorischen Dinge geregelt haben?

M. Petrovic: Das hat ungefähr ein Jahr gedauert. Natürlich hat er mir während dieses Jahres von seiner Vergangenheit erzählt, daß er zum Beispiel vier Kinder hat und geschieden ist. Aber das hauptsächliche Thema waren seine Geldprobleme. Es war für ihn auch eine wichtige Erfahrung, daß er bei der GLS-Bank einmal auf ganz andere Weise über Geld sprechen konnte. Es hat ihn schon beeindruckt, daß man da völlig andere Fragen stellte als zum Beispiel bei seiner „Hausbank“.

Eine Wohngemeinschaft für Spielsüchtige

C.P.: Und wie entwickelte sich dann das Gespräch über die Spielerei?

M. Petrovic: Ich machte ihm klar, daß er von der Spielsucht nicht loskommen könnte, solange er in dieser Großstadt lebte. Er war dort sehr bekannt, so daß die Menschen ihm immer wieder „die Bude eingerannt" hätten. Ich merkte aber, daß er sich sehr bemühte. Das zeigte sich zum Beispiel darin, daß er oft bei mir anrief und um Hilfe bat. Vor einigen Tagen sei sein Videorecorder gestohlen worden, und das stimmte tatsächlich. Seine Kumpanen hatten ihn geklaut, und wir fanden ihn an einem anderen Ort. Die Gespräche zwischen uns sind mittlerweile wahrhaftiger geworden. – Es wurde uns dann beiden deutlich, daß er in dieser Stadt kein neues Leben anfangen könnte. Ich kenne in Deutschland eine Einrichtung, in der eine Wohngemeinschaft für Spielsüchtige ist. Durch den Leiter dieser Wohngemeinschaft konnte ich veranlassen, daß mein Klient demnächst für einige Zeit dort hingeht. Es ist ihm inzwischen selbst klargeworden, daß es sich bei seiner Spielerei um eine Sucht handelt, er ständig daran denkt und nicht davon loskommt. Wir werden dann bald zu dieser therapeutischen Wohngemeinschaft hinfahren, und grundsätzlich ist er einverstanden, auf längere Zeit dort zu bleiben.

C.P.: Würden Sie dann hinterher mit ihm weiterarbeiten?

M. Petrovic: Ja, das gibt es häufiger. Die Leute fangen bei mir an, gehen woanders hin, und anschließend arbeiten wir dann wieder weiter.

C.P.: War dann Ihre Arbeit sozusagen eine Begleitung der Biographie?

M. Petrovic: Wir haben auch viel über sein Leben gesprochen, aber das lief auf einer anderen Ebene ab. Er hat mir viel erzählt: von seiner Heimat, seinen Kindern, seiner Frau, von der abgebrochenen Ehe, was für ihn heute noch ein sehr großer Schmerz ist. Er fühlt sich hier in Deutschland auch nicht sehr wohl und versucht, in seine Wohnung etwas von der südländischen Atmosphäre hereinzuholen. Auf der anderen Seite bleibt ihm aber nichts anderes übrig, als hierzubleiben, da es in seiner Heimat keine Sozialversorgung gibt. Wir haben auch miteinander besprochen, daß er wieder für eine Zeitlang nach Hause fahren wird, wenn seine Therapie beendet ist. Es ist sein sehnlichster Wunsch, nach Hause zu fahren und seine Kinder wiederzusehen, aber sozusagen „ordentlich" aufzutreten. Das hatte er sich bisher nie getraut, denn er kam sich recht verwahrlost vor, innerlich wie äußerlich.

Eine Drogenkarriere

C.P.: Schildern Sie doch noch einmal ein anderes Beispiel.

M. Petrovic: Ein häufiges Thema in der Beratungsstelle ist Drogenabhängigkeit. Fast nie kommen die Drogenabhängigen selbst, denn sie wissen, daß das so keinen Sinn hätte. Meistens sind es ihre Angehörigen, sprich: Eltern oder Freunde bzw. Freundinnen. So kam neulich eine junge Frau mit ihrem kleinen Kind. Sie berichtete über ihren Freund, der drogenabhängig ist. Der Freund war auch der Vater des Kindes. Manchmal kam er nach Hause, manchmal aber auch nicht. Die Frau hatte durch ihn mit dem ganzen Drogenmilieu zu tun. Sie wollte damit aber nun irgendwie aufhören, teilweise auch wegen des Kindes. Zur Zeit unserer Beratung war der Vater auch nicht da, und wir vereinbarten, daß sie mich anrufen sollte, wenn er nach Hause käme. Da sie seine regelmäßige Adresse war, tauchte er auch immer wieder einmal auf.

Nach ein paar Tagen rief sie mich tatsächlich an, und ich fuhr zu ihr nach Hause. Kurz vor unserer Beratung war sie mit ihrem Kind auf einer Kur gewesen. So war ihr Freund vier Wochen in der Situation, daß er nicht zu ihr nach Hause gehen konnte. Deshalb hatte er vier Wochen auf den Straßen gegammelt, unter den Brücken geschlafen und allerlei erlebt, was eben so passieren kann, wenn man keine feste Unterkunft hat. Er erzählte mir, daß ihm in dieser Zeit einiges klargeworden sei. Ich bat ihn, mich am nächsten Tag in der Beratungsstelle aufzusuchen.

Dort erzählte er mir dann alle möglichen Geschichten aus seinem Leben. Während dieser Gespräche wurde mir klar, daß er seine Freundin und sein Kind von ganzem Herzen liebte. In dem ganzen Wust von Gerede war das das einzig für mich erlebbare Echte. Natürlich konnte so etwas nicht genügend tragen, um von der ganzen Sucht loszukommen, aber immerhin brachte es etwas Licht in diese ganze Dunkelheit. Wir überlegten dann gemeinsam, wie seine Zukunft aussehen könnte.

Am nächsten Tag sollte er einen Termin vor Gericht haben. Normalerweise wäre er in so einer Situation abgehauen. So riet ich ihm, tatsächlich einmal zu diesem Gerichtsverfahren zu gehen und zumindest den äußerlichsten Teil seines Verhaltens zuzugeben. Er sollte einfach einmal dazu stehen, daß er anderen Leuten eins über den Schädel gehauen hatte, daß er gestohlen, daß er Rezepte gefälscht hatte – also mindestens den alleräußerlichsten Anteil seines Lebens verantworten. Das hat er tatsächlich getan. Er wurde dann zu vier Jahren Gefängnis verurteilt. Es wurde aber eine Bewährungszeit genehmigt, weil er ein Therapieversprechen gegeben hatte. Allerdings wurde er zu bestimmten Tagessätzen verurteilt, weil er seine Schulden nicht zurückzahlen konnte, so daß er eine Gefängnisstrafe antreten mußte.

Zu der Zeit war ich ganz froh, daß er im Gefängnis war, und er eigentlich auch. Ich habe ihn dort besucht und mit ihm Gespräche geführt, zum Beispiel über die Erfahrungen, die er mit anderen Leuten im Gefängnis machte. Nach 3.1/2 Monaten bat er mich, ob ich mich dafür einsetzen könne, daß er früher entlassen würde. Ich telefonierte dann mit dem Richter und schickte Fotokopien von Briefen, die er mir aus dem Gefängnis geschrieben hatte, an den Staatsanwalt. So konnte man sehen, daß er sich bemühte. Ich versuchte dann, für ihn einen Therapieplatz zu finden, wo auch seine Frau und sein Kind in der Nähe wohnen könnten. Die anthroposophischen Drogenkliniken konnten keine Familien mehr aufnehmen und waren überfüllt. So haben wir in der Nähe von Bonn eine kirchliche Drogeneinrichtung gefunden, und die drei sind da jetzt schon seit einiger Zeit. Und das Ganze scheint gutzugehen.

Das Hauptmotiv in der Biographie von diesen beiden war, daß sie im Aufbruch waren und etwas Neues aus ihrem Leben machen wollten. Für ihn war es natürlich besonders schwer, da er seine ganze Altlast irgendwie bewältigen mußte. Aber es war wirklich eine Aufbruchstimmung, mit dem ganzen Leben und der Familie etwas Neues zu beginnen.

C.P.: Sie haben mit dem Mann gearbeitet, aber zuerst war die Frau zu Ihnen gekommen. Nun kann man natürlich als Biographiearbeiter fragen, wieso die Frau in einer solchen Situation ist. Was hat sie in ihrem Leben mit Drogen zu tun?

M. Petrovic: Sie kommt auch aus dem Drogenmilieu. Allerdings hat sie es geschafft, an den harten Drogen nur zu schnuppern und ansonsten daran vorbeizugehen. Die Frau hat eine ganz starke Vitalität. So reine Kräfte hatte ich nie bei einem Menschen erlebt. Immer wenn ich mit ihr gesprochen hatte, war ich hinterher erfrischt. Auch das kleine Kind strahlte etwas aus, obwohl das Kinder ja im allgemeinen tun. Auch der junge Mann hatte im Grunde genommen etwas Strahlendes. Irgendwie waren diese drei Menschen Lichtwesen, so daß ich das Gefühl habe, daß das gutgehen wird. Und meine Aufgabe im Moment ist es, diese drei innerlich zu begleiten.

C.P.: Begleiten Sie sie auch jetzt noch, nachdem sie schon weg sind?

M. Petrovic: Ja, jeden Abend setze ich mich hin und denke an diese drei. Das mache ich natürlich mit allen Klienten, die zu mir kommen.

C.P.: Und wie lange machen Sie das? Setzen Sie das fort, wenn die Menschen nicht mehr zu Ihnen kommen?

M. Petrovic: Das ergibt sich einfach. Manchmal merke ich dann, daß es einfach nicht mehr nötig ist. Manchmal bekomme ich aber auch direkte, konkrete Rückmeldung in Form von Anrufen oder Briefen.

Die äußere Biographie in Ordnung bringen

C.P.: So, wie Sie von Ihrer Arbeit berichten, hört es sich an, als ob Sie die äußere Biographie der Menschen wieder in Ordnung bringen würden. Welche Qualifikationen sind Ihrer Meinung nach von solch einem Biographiearbeiter verlangt, dem es nicht darum geht, primär an der inneren Biographie zu arbeiten, sondern das äußere Leben auf die Reihe zu bekommen?

M. Petrovic: Was sich da im Äußeren bei dem Klienten zeigt, ist ja ein Abbild der inneren Situation. Für mich sind diese äußeren Erscheinungen Offenbarungen des Innenlebens. Wenn jemand Schulden hat, stellt es sich vielleicht heraus, daß er Spieler ist; weiterhin zeigt es sich, mit welchen Menschen er zusammen ist, manchmal sind ganze Gruppen dahinter, und es gibt die verschiedensten Konstellationen. Das alles sind für mich Schicksalsoffenbarungen, auch wenn das Leben recht chaotisch aussieht. Ich versuche, mir dann jeweils ein inneres Bild von dem zu machen, was in dieser Situation äußerlich vorliegt. Dabei stütze ich mich auf Angaben von Rudolf Steiner. Natürlich erzähle ich das dann nicht den Klienten, aber es ist meine innere Arbeit, und die hat eine Auswirkung.

Für mich ist eine weitere Qualifikation das eigene Schicksal. Ich weiß größtenteils aus eigener Erfahrung, was die Klienten durchgemacht haben. Ich weiß, was es heißt, im Gefängnis zu sitzen oder auf Droge oder Spieler zu sein. Ich kenne viele von diesen menschlichen Niederungen und weiß auch, was es bedeutet, wenn sich dann ein Mensch einem liebevoll zuwendet. Ich gehe daher nicht mit Vorurteilen an diese Menschen heran. Das ist natürlich nur ein Aspekt einer Qualifikation, aber es ist ein wichtiger. Eine andere Qualifikation ist auch meine jetzt 15jährige Berufserfahrung im unterschiedlichsten therapeutischen Milieu.

Wie eine karmische Familie

C.P.: Ich finde diesen Aspekt auch sehr wesentlich. Ich denke, daß die Menschen spüren, ob man bestimmte Erfahrungen schon selbst gemacht hat oder ob man sozusagen am „grünen Tisch" einen guten Willen zeigt. Würden Sie sagen, daß man als Berater Menschen anzieht, die in solchen Situationen stehen, wie man sie selber schon bewältigt hat?

M. Petrovic: Ja, das ist wie eine karmische Familie. Wer hierher kommt, der hat schon seine Gründe. Für mich ist diese „Anziehung" nichts Neues, ich bringe es nur zum ersten Mal in eine solche institutionelle Form. Für mich hat das deshalb auch etwas mit meiner eigenen Biographie zu tun.

Als kleines Kind im Kloster

C.P.: Können Sie das etwas genauer sagen?

M. Petrovic: Ich bin jetzt 45 Jahre alt. Mein Vater war Jugoslawe und heiratete damals in den Kriegswirren eine Deutsche. Mitten in den ganzen Nachkriegswirren kam ich zur Welt. Bald darauf wurden meine Eltern geschieden. Meine alleinstehende Mutter mußte arbeiten gehen, um uns zu ernähren, und daraus entstand eine Situation, die für mich sehr bedeutungsvoll war.

Gegenüber dem Zimmer meiner Mutter war damals ein russisch-orthodoxes Kloster. Da meine Mutter damals nicht wußte, was sie mit mir machen sollte, gab sie mich dem Popen, d.h. dem Vorsteher dieses Klosters. Ich gehörte zur Gemeinde, war russisch-orthodox getauft. So verbrachte ich die ersten sechs Jahre meines Lebens den ganzen Tag im Kloster. Ein russisch-orthodoxes Kloster hat einen großen Kultraum, da hängen Teppiche, die Ikonenwand, und alles kultische Leben spielt sich darin ab. Da wird gesungen und musiziert, gebetet – die Sakramente gereicht. Und ich als kleines Kind war dabei, zumeist auf einem weichen Teppich liegend oder sitzend. Ab meinem ersten Lebensjahr hat mich meine Mutter morgens täglich hingebracht und abends wieder abgeholt. Ich wurde dann von der Gemeinde versorgt. Als ich ca. sechs Jahre war, lernte meine Mutter meinen Stiefvater kennen, und wir zogen dann von dort weg.

... und dann auf die Reeperbahn

Mit zwölf, dreizehn Jahren zogen wir dann nach Hamburg, und da ging es richtig zur Sache. Meine Eltern mußten einmal für eine Woche verreisen. Ich ging am nächsten Tag wie magisch angezogen auf die Reeperbahn, nahm am ersten Abend gleich LSD, und es war klar, daß es ab nun so weiterginge. In diesem Milieu der 60er Jahre verbrachte ich dann die nächsten 14 Jahre. Natürlich bin ich bald von der Schule geflogen, es gab dann auch die ersten Gerichtsverfahren, und ich bin damals zur Fürsorgeerziehung verurteilt worden. Aus dem Heim wurde ich als „unbelehrbar" entlassen.

Anschließend fuhr ich zur See. In Südafrika verließ ich das Schiff und reiste dort herum. Ich wurde aufgegriffen und wieder aufs Schiff gebracht. Nach ungefähr einem Jahr war ich wieder in Hamburg. Inzwischen hatte ich auch mit harten Drogen begonnen. Damals lernte ich meine erste Frau kennen. Zwischendurch hatte ich immer wieder einmal versucht, einen Selbstentzug zu machen, das endete aber verheerend. Letztlich hielt ich nie durch.

„Ich führte ein Doppelleben"

Als ich 21 war, meine Frau war 18, heirateten wir. Aufgrund der finanziellen Situation ihrer Eltern waren wir gut versorgt, und natürlich stieg damit auch der Drogenkonsum. Meine Frau geriet dadurch ebenfalls in die Drogenszene. Ich versuchte immer wieder einmal, Arbeit zu bekommen, aber das klappte langfristig nie.

In dieser Zeit wurde für mich ein Mann wichtig, den ich bereits vorher kennengelernt hatte. Er war Waldorflehrer, was ich aber erst hinterher erfahren hatte. Er war der einzige Mensch, der mir gegenüber keine Vorurteile hatte und mit dem ich über alles Mögliche reden konnte. Eines Tages lud er mich ein, in die Anthroposophische Gesellschaft mitzugehen. Ich sah dort eine Eurythmieaufführung, und das hat mich sehr beeindruckt. Außerdem empfahl mir der Lehrer, daß ich zu Arbeitskreisen gehen sollte. Es gab damals einen Arbeitskreis von Dr. Börnsen, und irgendwann ging ich dann auch dort hin. Die Begegnung mit Dr. Börnsen war für mich ein entscheidendes Erlebnis.

Ich führte ab dann eigentlich ein Doppelleben. Ich ging regelmäßig zu dem Arbeitskreis und hatte das Gefühl, daß bei all dem, was ich dort hörte, mein Herz überläuft. Ich verstand zwar noch nichts, hatte aber das Gefühl, daß das alles richtig war und ich dazu ja sagen konnte. Andererseits nahm ich weiterhin Drogen und kam auch zu diesen Veranstaltungen manchmal ziemlich angeturnt hin. Irgendwann erzählte ich Dr. Börnsen davon und fragte ihn, wie ich das denn alles nun geregelt bekäme. Ich wollte endlich für die wesentlichen Dinge dieses Lebens wach sein. Dr. Börnsen hat eigentlich gar nicht viel zu mir gesagt, außer, daß ich immer wieder kommen könnte. Ich war ja damals erst Anfang 20 und bekam immer dringender das Gefühl, daß ich endlich von den Drogen wegkommen mußte. Zusammen mit meiner Frau machte ich dann einen gemeinsamen Entzug. Ein anthroposophischer Arzt von außerhalb half uns dabei. Nach sechs Wochen war ich zumindest körperlich drogenfrei. Es dauerte dann noch drei bis vier weitere Jahre, in denen ich die ganzen seelischen Symptome aushalten mußte. Manchmal hatte ich Zustände zum Zerspringen oder zum Lautlos-Schreien; manchmal bildete ich mir ein, daß meine Zunge so dick geschwollen sei, daß ich nicht reden könne.

Die Zeit am Priesterseminar

C.P.: Wer oder was hat Ihnen in dieser Zeit geholfen?

M. Petrovic: Zum einen war es der regelmäßige Gang zu den Arbeitskreisen in der Anthroposophischen Gesellschaft. Ich ging dort fast jeden Tag hin. Außerdem hat mir meine Frau geholfen. Ich stieg immer mehr ins „normale“ Leben ein und fing dann auch an zu arbeiten. Irgendwann machte ich einen Antiquitätenladen auf. Mit Ende 20 war das ganze Drogenproblem für mich erledigt. In einem Gespräch mit Dr. Börnsen empfahl mir dieser, daß ich alles, was ich bisher erlebt hatte, an andere Menschen weitergeben sollte. Ich sollte eine Form finden, um anderen meine Erfahrungen vermitteln zu können. Daraufhin machte ich die anthroposophische Ausbildung für einen Sozialberuf. Meine Frau und ich trennten uns dann, weil sie mit Anthroposophie nichts anfangen wollte. Das war aber in Ordnung, und wir hatten weiterhin ein gutes Verhältnis.

Wächter
Andrias (Andreas Frister)
1987/88, Granit, Höhe 230 cm

Meine Berufslaufbahn begann ich dann bei der Heilsarmee in Hamburg – in der Obdachlosen- bzw. Gefährdetenhilfe. Meine Aufgabe war es unter anderem, die „einschlägigen Orte“ aufzusuchen und mit den Menschen ins Gespräch zu kommen und unsere Hilfe anzubieten. Das war eine merkwürdige Erfahrung, denn Sie können sich vorstellen, ich bin da auch manchem „guten Bekannten“ begegnet.

In dieser Zeit lernte ich den Kultus der Christengemeinschaft kennen und schloß mich der Gemeinde an. Ich wurde angesprochen, ob ich mich nicht beim Priesterseminar in Stuttgart bewerben wolle – tat dieses auch und wurde angenommen. Inzwischen hatte ich wieder geheiratet und wurde Vater eines Sohnes. Die Zeit am Priesterseminar war eine sehr bedeutsame Zeit in meinem Leben. Die zunächst mehr naive, gefühlsmäßige Beziehung zu der göttlich-geistigen Welt hat sich durch die dort gemachten Erfahrungen zu einer für mich wirklich gegründeten Erkenntnis verwandelt: Die göttlich-geistige Welt gibt es wirklich, und das Wort, „Wenn zwei oder drei in meinem Namen versammelt sind, bin Ich mitten unter ihnen“, ist wirkliche Erfahrung geworden und geblieben.

Es war dann für meine Biographie noch eine turbulente – und für meine Umwelt sehr leidvolle – Zeit, verbunden mit großen Enttäuschungen an meiner Person. Und doch hat sich die obige Erfahrung – so paradox das auch klingen mag – immer tiefer in meine Seele eingeprägt. So war auf der einen Seite die Erfahrung der unendlichen Güte und Gnade, die dem Menschen zuteil wird, auf der anderen Seite das Erleben der konkreten Schuld, aber nicht die Qualität des Gefangenseins in der eigenen Schuld, sondern der brennende Wunsch, es wiedergutmachen, es wiederheilmachen zu wollen.

C.P.: Woher wissen Sie so genau, daß es die von Ihnen geschilderten Erlebnisqualitäten waren?

M. Petrovic: Von heute aus betrachtet würde ich sagen, daß das von meinem Verhältnis zur Anthroposophie abhing. Mir war es um die Anthroposophie immer sehr ernst. Ich glaube, daß ich auf dieser Grundlage die geistigen Erfahrungen so konkret erleben konnte. Je intensiver ich in die Anthroposophie eingestiegen bin, desto massiver wurden auch die Gegenerlebnisse.

Die Widersachermächte

C.P.: Was heißt das?

M. Petrovic: Es ist mir klar, daß einerseits die Widersachermächte mit all ihren Angriffen immer da sind, auf der anderen Seite kann ich aus der Überwindung aber auch eine Stärke gewinnen. Die Angriffe kommen wie von selbst, aber was mit der Mitte zusammenhängt, das muß man sich selbst erarbeiten. Und daran habe ich in den letzten sieben Jahren, also nach der Lebensmitte, intensiv gearbeitet. Das wird mir dann auch von außen gespiegelt.

C.P.: Inwiefern?

M. Petrovic: Es haben sich bestimmte Dinge wieder versöhnt, mit denen ich vorher im Hader war.

C.P.: Und was heißt, daß Sie hart an sich gearbeitet haben? Bezieht sich das auf religiöse Übungen oder den anthroposophischen Schulungsweg?

M. Petrovic: Ich verbinde den anthroposophischen Schulungsweg und den übenden Umgang mit den Evangelien.

C.P.: Würden Sie in all Ihren vergangenen Schwierigkeiten und vor allem in deren Bewältigung eine Berechtigung sehen, daß Sie die Erfahrung jetzt an andere Menschen weitergeben können?

M. Petrovic: Es ist jedenfalls eine Tatsache, daß das immer so passiert. Wenn ich nicht in dieser Beratungsstelle sitzen würde, kämen die Menschen trotzdem zu mir. Das war schon immer so. Das war sogar schon während meiner Drogenzeit der Fall. Ich war immer derjenige, der sich einigermaßen gehalten hatte. Alle anderen aus dieser Zeit sind mittlerweile auch gestorben. Trotz aller Kaputtheit war immer noch irgend etwas da. Ich denke, daß das sicherlich auch meine ersten sechs Lebensjahre waren, die mir Substanz gegeben haben. Das hat sich durch mein ganzes Leben ausgewirkt.

Tatsache ist auch, daß ich in dieser Beratungsstelle nicht nur aus meinen Erfahrungen, sondern auch aus anthroposophischen Erkenntnissen heraus arbeite. Dadurch wird mir auch von außen mehr Verantwortung übertragen. Weiterhin bin ich als Dozent in der sozialtherapeutischen Akademie Wuppertal tätig. Außerdem bin ich dabei, hier einen Therapeutenkreis zu gründen für all die Menschen, die zu uns kommen. Nach 1.1/2 Jahren zeigt es sich, daß das gebraucht wird und sich bewahrheitet. Ich bekomme von außen gespiegelt, daß das alles so richtig ist. Das ist ein wichtiger Faktor, denn aus der Drogenzeit behält man immer eine gewisse Unsicherheit zurück. Die Erlebnisqualitäten im Rausch oder im Entzug sind so stark, man lernt so viele Erlebniswelten, auch innerhalb der eigenen Leiblichkeit, kennen, daß es unwahrscheinlich schwierig ist, zu unterscheiden, was wahr und was unwahr ist. Ich habe lange dafür gebraucht, um eine innere Einschätzung zu finden, was gut und richtig ist. Es war jahrelang so, daß allerlei geistige Gestalten an mir „herumzogen". Das sage ich deshalb, weil ich das mittlerweile an den Klienten auch ganz konkret so erleben kann.

Die Mutkräfte wecken

C.P.: Erleben Sie dann, wie die Widersachermächte ganz konkret an den Menschen wirken?

M. Petrovic: Ja, das ist ganz konkret. Ich bin froh, daß ich das alles selbst durchgemacht habe. Es ist dann eine Frage, wie ich das den Menschen erklären und nahebringen kann.

C.P.: Wie vermitteln Sie das?

M. Petrovic: Indem ich dem Menschen dabei helfe, darüber sprechen zu können. Indem ich mit dem Menschen zusammen versuche, die Kräfte zu erkennen, die da in ihm wirken. Und indem ich versuche zu vermitteln: Diese Leben hier auf der Erde ist ein mühevoller Entwicklungsweg – der Weg zu unserem höheren Selbst –, und dieser Weg geht durch unendlich viele leidvolle Erfahrungen. Meine Tätigkeit sehe ich darin, die Mutkräfte zu wecken, um sich nicht in den Boden stampfen zu lassen oder sich zu verlieren, sondern aus dem Ich heraus dieses Leben schöpferisch zu gestalten – für sich selbst und für den anderen.

Wir sind grundsätzlich schuldig

INTERVIEW MIT WOLFGANG GÄDEKE

von Christine Pflug

Wolfgang C. Gädeke, geboren 1943 in Bremen. Studium am Priesterseminar der Christengemeinschaft, Stuttgart, und Studium der evangelischen und katholischen Theologie, Geschichte und Psychologie in Marburg und Tübingen. 1968 Priesterweihe. Pfarrer der Christengemeinschaft in Ulm, Kiel, Hamburg und seit 1982 wieder in Kiel. Dozent am Priesterseminar der Christengemeinschaft in Stuttgart. Tätigkeit als Eheberater. Kurse über Ehe für Jugendliche und Erwachsene. Seit 1990 Lenker der Christengemeinschaft in Norddeutschland.

Veröffentlichungen: „Anthroposophie und die Fortbildung der Religion", Flensburg 1990 (zusammen mit Rudolf und Wilhelm Gädeke). Beiträge und Interviews in verschiedenen FLENSBURGER HEFTEN, insbesondere Sonderheft 1: „Partnerschaft und Ehe", ^{4}1992; FH 35: „Die Christengemeinschaft heute – Anspruch und Wirklichkeit", 1991; und Sonderheft 9: „Zehn Jahre real-existierendes freies Geistesleben. Zur Geschichte der Gädeke-Studie. Hintergründe, Fakten", 1991.

Trotz allen Ringens und Bemühens gehört es zum Menschsein, Fehler zu machen, zu zerstören und in Disharmonie zu leben. Eine durch die Menschheitsentwicklung konstitutionell bedingte Entfremdung zwischen Menschen ist unvermeidbar und die daraus entstehenden Konflikte sind es ebenfalls. Sündenkrankheit – auch Erbsünde genannt –, Sünde und Schuld sind mit dem Menschsein untrennbar verbunden, haben aber für die Evolution und für den Menschen auch einen Sinn und positive Seiten. Diese religiösen Themen sind heute fast zum Tabu geworden. Diese Tatsache allein ist schon Anlaß genug, darüber zu sprechen. Aber auch für den einzelnen und seine konkrete Lebensgestaltung ist die Frage bedeutend, ob er sie als Tatsache anerkennt und wie er sich dann dazu stellt. Eine Heilung von der Sündenkrankheit – so Wolfgang Gädeke im folgenden Interview – kann nur auf religiöser Grundlage und mit Hilfe der Sakramente angegangen werden. Hier liegt eine Grenze im Wirken eines (Biographie-)Beraters, denn der Vollzug der Sakramente, zum Beispiel der Beichte, fällt in das Aufgabengebiet eines Priesters.

Religion kann, in richtiger Weise gepflegt, auch für andere Lebensbereiche eine Unterstützung sein: Sie bietet Heilung für Defizite, die in der Kindheit entstanden sind, und kann besonders nach der Lebensmitte für den Menschen zur Kraftquelle werden.

Am Ende des Interviews werden noch einige Aspekte der Frage betrachtet, inwieweit der Karmagedanke eine wirklich praktische Hilfe zur Lebensbewältigung sein kann.

Christine Pflug: Ein Biographiearbeiter möchte bei den Menschen Entwicklung impulsieren, der Psychotherapeut Heilung. Dabei ist natürlich zu sehen, daß sich diese beiden Impulse nicht widersprechen, sondern ergänzen und sich sogar gegenseitig bedingen. Was möchte, im Verhältnis dazu, ein Priester in der Seelsorge erreichen?

Wolfgang Gädeke: Ein Priester hat in der Seelsorge natürlich auch die Aufgabe der Lebensberatung. Das ist einer der drei Bereiche der Seelsorge. Ein zweiter ist der, den Menschen bei ihrem religiösen Leben zu helfen. Diese beiden Bereiche können natürlich auch von anderen Menschen, zum Beispiel einem Biographieberater, bearbeitet werden.

C.P.: Inwiefern gilt das auch für den religiösen Bereich?

W. Gädeke: Ein religiöser Mensch kann durchaus einem anderen raten, wie er mit dem Gebet umgehen kann, wie er bestimmte Lebensfragen vom religiösen Standpunkt aus betrachten kann usw. Diese Aufgabe kann selbstverständlich auch ein Anthroposoph leisten. Für solche Fragen braucht man nicht unbedingt einen Priester. Das können auch andere Menschen, und das geschieht ja auch zunehmend. Ich sehe den eigentlichen Schwerpunkt der seelsorgerlichen Aufgabe eines Priesters in dem dritten Bereich, in dem, was Rudolf Steiner die Sündenheilung nennt.

... wenn ich in meinem Leben schuldig geworden bin

C.P.: Was ist das?

W. Gädeke: Dieser Bereich der Seelsorge bezieht sich auf die Frage: „Wie gehe ich mit dem um, wo ich in meinem Leben schuldig geworden bin?"

C.P.: Worin liegt da der Unterschied zur Biographiearbeit?

W. Gädeke: Der liegt darin, daß der damit verbundene Vorgang in sich schon eine religiöse Handlung ist und unmittelbar mit dem Sakrament der Sinneswandlung – das man traditionell auch Beichte nennt – und dem Abendmahl zusammenhängt. Es betrifft die ganz zentrale Aufgabe des Priesters und geschieht nicht nur am Rande. Vorträge und Arbeitskreise kann auch ein Nichtpriester übernehmen, da gehen die Arbeitsbereiche ineinander über, sie sind nicht ausschließliche und zentrale priesterliche Tätigkeit, sondern Umkreis. Überall da, wo aber das Sakrament eine Rolle spielt, ist das die zentrale priesterliche Tätigkeit.

C.P.: Sind das Tätigkeiten, die nur der Priester aufgrund seiner Weihe ausführen darf?

W. Gädeke: Ja, genauso verhält es sich.

Sündenkrankheit, Sünde, Schuld

C.P.: Was ist Sünde?

W. Gädeke: Man muß dabei zweierlei unterscheiden: Es gibt einmal das, was Rudolf Steiner als Sündenkrankheit bezeichnet – auch Erbsünde genannt –, also die grundsätzliche Veränderung der Menschennatur durch das Ereignis des Sündenfalls. Das ist die Sündenkrankheit. Unter Sünde versteht man die daraus folgende einzelne Tat. Das dritte wären dann die Folgen einer solchen Tat, also das, was in Richtung Schuld geht. Man muß diese drei Bereiche – Sündenkrankheit, Sünde und Schuld – unterscheiden.

C.P.: Was bezeichnet man genauer als Sündenkrankheit, die uns als Menschen alle betrifft?

W. Gädeke: Für mich ist es immer am leichtesten, das Wort „Sünde" so zu verstehen, daß es von dem Begriff „sondern", also abtrennen, herkommt. Sündenfall ist ein Vorgang der Abtrennung, der Entfremdung. In der Bibel wird er als die Trennung des Menschen von der göttlich-geistigen Welt geschildert, dargestellt durch das Bild, daß der Mensch nicht mehr vom Baum des Lebens essen darf und aus dem Paradies, der unmittelbaren Gegenwart Gottes, verstoßen wird. Der Mensch wird getrennt, nicht als Strafe, sondern als Folge seiner Tat. Das ist sozusagen die Urtrennung. Interessanterweise hat vorher schon eine andere Trennung stattgefunden, nämlich die Trennung der Geschlechter, d.h. eine gewisse Entfremdung ist auch schon vorher von den Göttern den Menschen gebracht worden. Die erste Sonderung, man könnte sagen die Ursünde, ist also durch die Trennung von Mann und Frau geschehen.

C.P.: Wurde dadurch eine Dynamik veranlagt, in der der Sündenfall dann eine Konsequenz dieser ersten Trennung war?

W. Gädeke: Ja, genauso ist es. Nur weil der Mensch in Mann und Frau getrennt war, hatte die Schlange überhaupt Zugang. Da begann also bereits die Sündenkrankheit, und spätere Schritte folgten aus ihr, zum Beispiel die Trennung in die verschiedenen Rassen nach der Sintflut. Das war die Entfremdung des Menschen vom Menschen. Eine Trennung der Rassen ist auch eine bedeutende Entfremdung. Und wenn man sieht, welche Probleme es heute aufgrund der Rassenverschiedenheiten gibt und welche unguten Taten deswegen geschehen, also Sünden, dann geht das alles auf die Entfremdung des Menschen vom Menschen, also auf die Rassentrennung, zurück.

Die nächste Trennung geschah dann beim Turmbau von Babel, nämlich die Unterscheidung der verschiedenen Völker. Auch das führt wieder zu großen Problemen, weil der andersartige Mensch mir gegenüber nicht nur fremd erscheint, sondern vielleicht auch bedrohlich, angsterregend oder minderwertig. Es kommen überall Wirkungen hinein, die das Verhältnis von Mensch zu Mensch schwierig machen. Man braucht heutzutage nur an den Konflikt von Serben und Kroaten zu denken. Da spielt natürlich vieles andere mit herein, aber ohne die Entfremdung der Menschen voneinander würde es keine Konflikte geben.

Diese Entfremdung geht immer weiter. In der Neuzeit reicht das bis in die Sippen und Familien hinein, in denen die Menschen nicht mehr selbstverständlich und automatisch friedlich miteinander umgehen. Heute geht das auch so weit, daß jedes einzelne Individuum von dem anderen getrennt ist, auch wenn man die gleiche Sprache spricht und von der gleichen Rasse stammt. Das ist alles sozusagen eine Linie der Entfremdung, die nichts mit persönlicher Verfehlung zu tun hat, sondern die in der Entwicklung der Menschheit selbst drinnenlebt, die konstitutionell bedingt ist.

Entfremdung ist heute notwendig

C.P.: Man muß dabei mit einbeziehen, daß diese Prozesse nötig waren, damit sich jeder Mensch heute individualisiert und zu sich selber findet. Jedes Kind macht in seiner Entwicklung diesen Prozeß noch einmal für sich durch.

W. Gädeke: Ja, Rudolf Steiner beschreibt immer wieder, wie diese Entfremdungsschritte notwendig sind, damit sich jeder einzelne Mensch individualisieren kann. Die Sündenkrankheit ist also nicht nur etwas Negatives, sondern hat auch positive Seiten.

Einen anderen Strang kann man verfolgen, wenn man sich einmal anschaut, was Rudolf Steiner in seinem Vortragszyklus „Die Welt der Sinne und die Welt des Geistes“ (GA 134) dargestellt hat. Er beschreibt, wie die Wesensglieder des Menschen durch den Sündenfall in ein anderes Verhältnis zueinander gekommen sind. Der Ätherleib und der physische Leib auf der einen Seite, Astralleib und Ich auf der anderen Seite stehen nicht in einem ursprünglich gemeinten freien Verhältnis zueinander, sondern sind wie ineinandergeschoben, überlappen sich sozusagen und sind zu eng miteinander verflochten. Rudolf Steiner zeigt im einzelnen, was dadurch beim Menschen alles aufgetreten ist, was wir alle als ganz natürlich ansehen, was aber deswegen noch nicht gut ist, sondern eine Folge der Sündenkrankheit. Das betrifft zum Beispiel unsere Drüsentätigkeit, unsere Art der Leibesempfindung, d.h. daß wir die Vorgänge unseres Leibes mit seelischem Wohlgefallen begleiten.

C.P.: So daß man dann Begierde entwickelt und sich alles einverleiben will?

„Ihre Frisur ist ganz unmöglich“

W. Gädeke: Ja, das ist das eine. Das andere ist die zu starke Verbindung von Ich und Astralleib, d.h. der Seele, die zu einer Identifikation meiner Gedanken, Gefühle, Willensimpulse mit dem Ich führt. Das ist etwas, was im sozialen Leben eine ungeheure Rolle spielt. Mein Gedanke ist mein Standpunkt, meine Meinung, und ich identifiziere mein Wesen, mein Ich mit meinen Gedanken. Wenn ich jetzt sagen würde: „Frau Pflug, Sie sehen aber häßlich aus, und Ihre Frisur ist sowieso ganz unmöglich“, und wenn ich das ernst meinte, dann würden Sie mir die Augen auskratzen. Sie würden sich dann mit ihrem Körper und mit ihrer Seele identifizieren. Wenn Sie *mir* andererseits einen Fehler nachweisen würden, dann wäre das für mich schwierig, weil es ja *mein* Gedanke ist. Darum können Männer so schlecht zugeben, daß sie sich geirrt haben.

C.P.: Identifizieren sich Frauen also mehr mit ihrem Gefühlsleben und Männer mit ihrem Gedankenleben?

W. Gädeke: Ja, im Prinzip, aber grundsätzlich identifiziert sich jeder mit den Inhalten dessen, was er denkt, fühlt und will. Das an sich ist schon Sündenkrankheit. Das führt ja auch schon zu ungeheuren Schwierigkeiten im sozialen Leben, man muß nur einmal betrachten, wie schwierig es ist, Kritik auszuhalten, Irrtümer zuzugeben und um Hilfe zu bitten. Man kann daran erkennen, wie die Sündenkrankheit, also die zu starke Verbindung von Ich und Seele, sich in unseren Handlungen letztlich auswirkt.

Eine weitere Seite der Sündenkrankheit ist, daß unsere Gedanken-, Gefühls- und Willensimpulse nicht von Natur aus mit der Wirklichkeit übereinstimmen. Zum Beispiel können unsere Gedanken auch irren. Es könnte ja auch so eingerichtet sein, daß immer dann, wenn wir denken, wir sofort den Anschluß an die Wirklichkeit haben. Aber die Möglichkeit des Irrtums zeigt, daß die Gedanken nicht auf jeden Fall und von Natur aus der Wirklichkeit entsprechen, d.h. die Gedanken sind der Wirklichkeit entfremdet. Wir können illusionäre Gedanken haben.

C.P.: Hängt diese Tatsache auch mit dem Verhältnis der Wesensglieder zusammen?

W. Gädeke: Rudolf Steiner schreibt das eher der Geschlechtertrennung mit ihren Folgen zu. Die Möglichkeit des Irrtums beruht nämlich auf der Trennung von der Wirklichkeit. Denn, wenn der Mensch aus dem Paradies vertrieben ist, ist das ein Bild dafür, daß der Mensch von der geistigen Welt abgetrennt ist, er kann sie nicht in sich tragen. Das betrifft auch die Möglichkeit des Lügens. Wir können bewußt oder unbewußt die Wirklichkeit verfremden.

Auch auf der Gefühlsebene wirkt sich die Sündenkrankheit aus, indem ich zum Beispiel einem Menschen, dem etwas Gutes widerfährt, dieses neide. Ich habe ein schlechtes Gefühl, ich ärgere mich, aber die Wirklichkeit ist ja die, daß dem anderen etwas Gutes widerfahren ist. Die Wirklichkeit ist also gut, mein persönliches Gefühl aber schlecht. Mein Gefühl ist also nicht adäquat der Wirklichkeit, es ist ihr entfremdet. Man kann das auch umgekehrt ansehen, wenn jemand krank wird oder ihm ein Unglück zustößt, und ich mich freue. Ich habe ein positives Gefühl, obwohl die Wirklichkeit anders ist. Das alles ist krank. Die innere Gefühls- und Gedankenwirklichkeit kann von der Außenwelt völlig abgetrennt sein. Wenn man sich dann einmal vor Augen führt, was im Sozialen durch Lüge, Mißgunst, Neid, Irrtum usw. alles entsteht, dann sieht man, wie sich aus der Konstitution des Menschen – aus der Sündenkrankheit – alle möglichen Probleme ergeben.

Das Gute, das ich tun will ...

C.P.: Trifft das auch auf die Willensebene zu?

W. Gädeke: Ja, wir tun oft genug das, was wir gar nicht wollen. Oft genug machen wir etwas, wobei wir uns hinterher bei klarem Kopf eingestehen, daß wir das ja eigentlich gar nicht gewollt haben. Oder auch anders herum weiß man oft genug, was gut und richtig ist, und macht es trotzdem nicht. Der Wille tut nicht das, was das Bewußtsein als gut und richtig erkannt hat. Paulus bringt das in die klassischen Worte: „Das Gute, das ich tun will, tue ich nicht, und das Böse, das ich nicht tun will, das tue ich." Das ist eine Urerfahrung im Willensleben.

Diese Beispiele aus dem Bereich der drei Seelenkräfte zeigen, wie die Sündenkrankheit als Gegebenheit der menschlichen Natur vorhanden ist.

C.P.: Wenn das alles die Sündenkrankheit ist, was ist dann Sünde?

W. Gädeke: Die Sünde ist die aus dieser Disposition der Sündenkrankheit folgende, die Welt und die Mitmenschen krankmachende, einzelne Tat. Wenn ich einen anderen Menschen belüge, zerstöre ich dadurch mitmenschliche Substanz, in diesem Fall Vertrauen. Eine konkrete Sünde wäre dann die Lüge. Es findet Sünde auch im großen Umfang statt, wenn ich zum Beispiel als Wirtschaftsunternehmer eine Produktion aufnehme, die die Umwelt schädigt. Ich weiß das ganz genau, aber bis es verboten wird, mache ich es erst einmal, und bis es mir gerichtlich nachgewiesen wird, habe ich auch schon genug verdient. Das sind alles konkrete schädigende Taten.

C.P.: Es gibt aber auch Menschen, die lügen und verdrängen es im gleichen Augenblick, wollen es nicht wahrhaben. Ist das auch eine Sünde?

W. Gädeke: Sicher, es schädigt ja, ganz egal, ob sie es bewußt machen oder nicht. Zunächst sind ja meistens alle unguten Taten von einer Herabdämpfung des Bewußtseins begleitet. Meistens tun wir ja alles Ungute mit einer Minderung unseres wachen, hellen, klaren Bewußtseins.

C.P.: Man will es ja auch gar nicht wahrhaben, daß man sündigt. Der Begriff „Sünde“ wird heute meist sowieso nicht ernstgenommen und als überholte Konvention der katholischen Kirche angesehen.

W. Gädeke: Man könnte auch ein anderes Wort dafür benutzen, darauf kommt es gar nicht an. Daß das Wort „Sünde“ für viele belastet ist, kann man ja gut verstehen. Man könnte es auch Verfehlung nennen. Es würde da kaum einen Menschen geben, der abstreitet, daß es Taten gibt, die anderen schaden. Bei der Umweltproblematik ist das heute jedem selbstverständlich, und wenn es sich um die Politiker und Wirtschafter handelt, ist auch jeder gleich dabei. Wenn es einen aber selber betrifft, dann ist es nicht so ganz angenehm. Wie man das aber nennt, ist ziemlich egal.

Wir müssen zerstören

C.P.: Ist es auch Sünde, wenn man eine Tat um des kleineren Übels willen ausführt? Autofahren wäre in diesem Sinne auch Sünde, aber wir kommen gar nicht drumherum, dies zu tun.

W. Gädeke: Das führt dann hinüber in den dritten Bereich, nämlich die Fragen der Schuld. Menschliches Leben ist überhaupt nur dadurch möglich, daß wir etwas zerstören, also schuldig werden. Auch Steiner sagt, daß der Mensch gar nicht anders kann, als der Welt etwas schuldig zu bleiben. Zum Beispiel geben wir der Welt schon alleine durch das, was wir ausatmen müssen, den Tod. Wenn es das Pflanzenreich nicht gäbe, würde allein unser CO_2-Ausstoß der Welt den Tod bereiten. Allein diese Tatsache, die auch ein Teil der Sündenkrankheit ist, bewirkt, daß wir etwas an der Welt verschulden, das wir selbst nicht mehr wiedergutmachen können, sondern dem Ausgleich der Pflanzenwelt überlassen müssen. Das ist ein Urbeispiel, auf das niemand kommen würde, weil jeder denkt, daß das natürlich sei. Das Problem in dem ganzen Bereich der Sündenkrankheit ist, daß wir den Begriff „natürlich" zu schnell mit „gut" identifizieren und nicht mit „zerstörerisch". Daß es aber vieles Natürliche gibt, was zerstörerisch ist, das gehört zu den Grundgedanken, die man fassen muß, um auf diesem Felde überhaupt zurechtzukommen.

C.P.: „Natürlich" wäre dann im Sinne von naturgegeben und notwendig zu verstehen?

W. Gädeke: Ja, so ist es. Und in diesem Sinne ist Schuldigwerden und Schuldigbleiben etwas Natürliches. Es geht gar nicht anders.

C.P.: Das schließt doch aber nicht aus, daß es eine Schuld gibt, die man auch vermeiden könnte?

W. Gädeke: Selbstverständlich ist das Maß der Schuld nicht notwendig. Aber die Grundtatsache der Schuld ist notwendig und unvermeidlich. Es ist natürlich eine heikle Sache zu beurteilen, wieviel Schuld ein Mensch auf sich laden muß.

C.P.: Wer beurteilt das letztlich?

W. Gädeke: Das macht die geistige Welt. Es gibt ja den Begriff des „unschuldig Schuldigwerdens". Man kann Schuld auch so sehen, wie es im Wirtschaftsleben gebraucht wird: Wenn man Schulden hat, geht man einen Wechsel auf die Zukunft ein. Man nimmt jetzt etwas in Anspruch oder verbraucht es, zu dem man erst in der Zukunft ein Gegengewicht schaffen kann, indem man das Geld zurückzahlt oder durch Arbeit ausgleicht.

Man kann die Tat nicht ungeschehen machen

C.P.: Im Religiösen hieße das dann, daß man jetzt etwas zerstört, was man später wieder aufbaut und ausgleicht.

Nun ist ja der eine Aspekt der Schuld, daß man etwas zerstört und das durch entsprechende Taten wieder ausgleichen könnte. Damit hat man dann sein subjektives Schuldenkonto sozusagen beglichen. Die äußere Tatsache an sich, was man der Außenwelt angetan hat, bleibt aber bestehen. Ein Chemiefabrikant, der giftige Stoffe in einen Fluß ableiten ließ, kann hinterher aktives Greenpeace-Mitglied werden und dadurch vielleicht seine subjektive Schuld ausgleichen. Trotzdem bleibt aber noch die Umweltverschmutzung in dem Fluß oder in der Umwelt bestehen. Man kann die Tat ja nicht ungeschehen machen. Wie ist dieser Sachverhalt zu sehen?

W. Gädeke: Diese Unterscheidung zwischen subjektiver und objektiver Schuld beschreibt Rudolf Steiner nur in den Vorträgen „Christus und die menschliche Seele" (GA 155). Dort wird das ganze Thema im Zusammenhang mit dem Karma betrachtet, und das ist dabei ungeheuer wichtig. Er sagt dort, daß jede ungute Tat drei Aspekte hat: Der erste ist der, daß ich mich selber schädige, ich lasse mich von dem Unguten hinreißen, es auszuführen, und vermindere damit mein moralisches Gewicht. Zum anderen schädige ich meine Umwelt, die Mitmenschen oder die Natur. Diese beiden Seiten einer Tat kann ich selber wieder ausgleichen, *muß* ich sogar selber wieder ausgleichen. Ich kann etwas auf die andere Waagschale tun. Ich kann versuchen, mich zu disziplinieren, ich kann mich entwickeln, daß mir das alles nicht wieder passiert, ich kann auch für den anderen Menschen etwas Ausgleichendes tun. Als dritten Aspekt habe ich aber etwas in der Welt getan, was ich nicht wieder rückgängig machen kann, und es bleibt bestehen. Zum Beispiel kann ich eine Porzellanvase zerschlagen, es tut mir schrecklich leid, und ich bezahle dem anderen, dem die Vase gehört, das entsprechende Geld. Dennoch bleibt die Vase zerstört. Dieses, was in der objektiven Welt bestehen bleibt, hat nun mehrere Schichten. Rudolf Steiner sagt, daß das etwas ist, was in das „Weltgedächtnis" – in die Akasha-Chronik – eingeschrieben ist, und da bleibt meine sündhafte Tat zunächst bestehen. Sie ist in dem Weltenäther als eine Verletzung eingeschrieben. Das ist sozusagen der begrifflich-anthroposophische Aspekt der Schuld.

Man kann das aber noch tiefer betrachten und sagen: Insofern die ganze Welt ihrer Substanz nach der Gottvater selbst ist, verletze ich ihn selber. Ich beeinträchtige das göttliche Wesen, die Schöpfersubstanz, direkt. Das ist sozusagen die religiöse Dimension der Schuld. Und dieser ganze Bereich, die Verletzung der Weltensubstanz, die Einschreibung in die Akasha-Chronik, das ist die Schuldsphäre, und da komme ich trotz aller Bemühungen und trotz aller karmischen Ausgleichstaten, auch im folgenden Leben, nicht heran.

C.P.: Um es einmal in einem saloppen Bild auszudrücken: Ich habe also ein Konto mit Minusbetrag und dann noch ein weiteres, auf das ich etwas einzahle. Ich kann auf dieses Konto so viel einzahlen, wie ich will, das Konto mit dem Minusbetrag wird deshalb nicht aufgefüllt.

W. Gädeke: Ich habe einfach nicht die Währung dazu. Ich kann auf dem Felde des Mitmenschlichen und der Natur etwas ausgleichen, da habe ich sozusagen die Währung. Aber für die Schicht, auf der sich die eigentliche Schuld abspielt, habe ich gar nicht die Währung, um dort etwas auf das Konto zu zahlen. Ich kann als Mensch die Ätheraura nicht erreichen und verändern. Aus meinen menschlichen Kräften erreiche ich diese Schicht nicht.

Man soll Sünden nicht vermeiden

C.P.: Wäre das noch einmal eine tiefere Schicht von Schuld, die ich nicht nur diesem Planeten, sondern der ganzen Weltentwicklung zufüge?

W. Gädeke: Ja, obwohl auch das wieder unvermeidlich ist. Man kann sich davon nicht zurückziehen. Rudolf Steiner schildert in seinen Vorträgen über die Akasha-Chronik (GA 148) sehr eindrucksvoll, daß Menschen, wie zum Beispiel die Essäer, die sich zurückziehen, um auf Erden nicht schuldig zu werden, gerade dadurch umso mehr die anderen Menschen den Widersachermächten aussetzen. Wenn man also versuchen würde, jede Sünde und Schuld zu vermeiden, würde man gerade dadurch andere umso mehr in Schuld und Sünde bringen. Es ist ein abenteuerlicher Gedanke, aber Rudolf Steiner mutet es uns zu, das zu denken. Gerade die Vermeidung von Sünde und Schuld kann bewirken, daß sie erst recht eintreten.

C.P.: Heißt das, daß man sie nicht wegschieben und vermeiden sollte, sondern sie anerkennen und nach Möglichkeiten der Verwandlung suchen sollte?

W. Gädeke: Ja, das bedeutet es.

C.P.: Der erste Schritt eines Menschen, der sich weiterentwickeln will, wäre es, diese Tatsachen überhaupt erst einmal anzuerkennen. Als zweites könnte er sich dann um die Verwandlung bemühen, indem er sich gegebenenfalls an einen Priester wendet.

W. Gädeke: Das Annehmen ist etwas, was durch viele psychologischen und psychotherapeutischen Methoden auch schon praktiziert wird. Oftmals heißt aber dieses Annehmen dann nur, daß alles das, was wir vorhin als natürlich bezeichnet haben, mit dem Begriff „positiv" gleichgesetzt wird. Es wird dann unreflektiert als „so bestehend" angenommen und nicht weiter hinterfragt. Das Annehmen, daß wir Menschen grundsätzlich schuldig, grundsätzlich sündenkrank sind, ist nicht sehr einfach. Das muß man auch aushalten.

C.P.: Genau, denn oftmals wird Therapie damit gleichgesetzt, daß es einem hinterher ausschließlich gut gehen sollte und man sich befreit fühlt. „Be happy" klingt zunächst einmal besser als „Sündenkrankheit und Schuld". Es ist also ein großer und ungewöhnlicher Schritt, diese Tatsachen überhaupt erst einmal anzuerkennen.

W. Gädeke: Natürlich wird ein Priester einer Therapierichtung, deren Ziel es ist, den Menschen ausschließlich glücklich machen zu wollen, skeptisch gegenüberstehen. Denn nicht alles, was natürlich ist, ist gleichzeitig gut. Glücklichsein in diesem Sinne heißt nämlich nicht Heilung.

Wenn ein Mensch zu einem Priester in die Beratung kommt, kann der Priester voraussetzen, daß dieser Mensch diese Dimensionen annehmen kann. Dieses Empfinden kann noch anfänglich und traumhaft sein, aber der Mensch weiß, daß das, was von ihm als Sündenkrankheit ausgeht, die göttliche Welt selber schädigt. Diese Grundempfindung, die man in einer etwas kirchlichen, vielleicht auch bigotten Art das Sündenbewußtsein genannt hat, und heute weitgehend ablehnt, ist aber doch ein Bewußtsein eines Teils der Wirklichkeit.

Wenn man das Bewußtsein über diesen Teil der Wirklichkeit nicht hat, ist das im klassischen Sinne eine Tabuisierung. Man kann sehen, daß heutzutage religiöse Themen weitgehend tabuisiert werden. Was vor hundert Jahren die Sexualität war, das sind heute die religiösen Dinge. Es ist ein erster, wesentlicher Schritt, überhaupt anzuerkennen, daß es solche Dimensionen gibt. Der Mensch, der das kann, ist religiös, d.h. er weiß darum, daß er nicht nur sich, seinen Mitmenschen und die Umwelt schädigt, sondern auch die göttliche Welt.

C.P.: Diese religiöse Haltung setzt aber auch ein Umdenken in anderen Bereichen voraus. Oftmals, und das wird von einigen Therapierichtungen auch proklamiert, ist man der Ansicht, daß es einem nur selbst gutgehen müsse, damit dies dann auf die anderen abfärbt. Auch wenn das zunächst so sein kann, wird dadurch eine einseitige Selbstwahrnehmung kultiviert, durch die man verlernt, die Außenwelt überhaupt wahrzunehmen, in eine innere Isolation gerät und letztlich dann doch leidet.

W. Gädeke: Wenn ein Mensch in eine solche Richtung denkt, wird er zu einem Psychologen oder Psychotherapeuten gehen und nicht zu einem Priester. Jemand, der zum Priester kommt, hat zumindest das Empfinden, daß Lebensfragen in die Sphäre der Sakramente gehoben werden sollten.

C.P.: Was passiert denn konkret, wenn ein Mensch mit einer solchen Haltung, sei sie nun bewußt oder auch nur gefühlsmäßig, zu einem Priester kommt?

W. Gädeke: In dem Gespräch wird dann das Thema der Sündenkrankheit erst einmal bewußt gemacht. Man steht also nicht nur da als der arme sündige Mensch, der etwas Schlimmes getan hat, sondern eine Tat wird in den größeren Zusammenhang des Menschseins hineingestellt. Derjenige erkennt dann vielleicht: „Ja, so drückt sich bei mir die Sündenkrankheit aus, aber damit bin ich ein Teil der Menschheit. Ich lebe in der Konsequenz des Sündenfalls.“ Es geschieht also ein erstes Annehmen der Sündenkrankheit.

Danach erlebt man, wie man mit der Sündenkrankheit in der Menschenweihehandlung, in der Kommunion und auch mit den Sakramenten umgehen kann. Sie ist nämlich nicht dadurch wegzubekommen, daß einem der Priester eine Spritze verpaßt und man nun geheilt ist, so wie man mit Cortison die Schmerzen wegbekommt. Durch die religiöse Bemühung entsteht überhaupt erst die Möglichkeit, darauf hoffen zu dürfen, daß die Sündenkrankheit einmal überwunden sein wird. Dies wird auch im Bekenntnis der Christengemeinschaft ausgesprochen, daß man nämlich auf die Überwindung der Sündenkrankheit hoffen darf. Das sind dann ganz andere Dimensionen als nur ein Jahr oder auch ein Menschenleben. Die Sündenkrankheit ist so tief mit dem Menschsein verbunden, daß es kosmischer Dimensionen bedarf, um daran zu denken, daß sie eines Tages überwunden sein wird. Man darf also nicht denken, die Sündenkrankheit sei weg, wenn man beim Priester gewesen ist.

Als Gesinnung ergibt sich aus dem Mitleben mit dem Kultus der Christengemeinschaft, was auch im vierten Satz des Bekenntnisses ausgesprochen ist, daß das ganze Erdenleben Christi, sein Tod und seine Auferstehung notwendig waren, damit die Hoffnung auf die Überwindung der Sündenkrankheit überhaupt entstehen konnte. Wir Menschen müssen uns mit diesem christlichen Strom verbinden, um diese Hoffnung überhaupt realisieren zu können.

Die Kluft zum anderen Menschen

C.P.: Heißt das, daß man als Mensch, wenn man unter der Kluft zu einem anderen Menschen leidet, ihn also nie ganz verstehen kann, diesen Zustand niemals überwinden wird?

W. Gädeke: Jedenfalls nicht in dieser Erdenzeit und in diesem Erdenzustand, hier bleibt die Sündenkrankheit bestehen. Der bewußte Umgang damit ist deshalb nicht unbedingt zunächst eine Erleichterung, sondern eine Anerkennung von Tatsachen. Es wäre zum Beispiel ein erster Schritt, den ein Priester mit einem Menschen machen kann, ihm aufzuzeigen, wie sein persönliches Fehlverhalten im ganzen Menschheitszusammenhang zu sehen ist. Der zweite Schritt wäre, daß man sich im einzelnen klarmacht, wie es zu dieser speziellen Handlung des Menschen gekommen ist. Das kann durch einen Rückblick auf Erziehung, Elternhaus, gesellschaftliche Verhältnisse geschehen oder auf das, was in jedem Gerichtsprozeß auch eine Rolle spielt, nämlich wie die Umstände zur Zeit der Tat waren, zum Beispiel wie das Bewußtsein herabgedämpft war etc. Man betrachtet also die Frage, inwiefern man nicht auf der Höhe seines Menschseins war, wie weit man den luziferischen oder ahrimanischen Abirrungen der Seele gefolgt ist. Man macht sich klar: Wo fing alles an? Als religiöse Dimension kann man hinzuziehen, wie Jesus Christus im Neuen Testament das Bewußtsein für den Inhalt der zehn Gebote schärft. Er sagt: „Ihr habt gehört, ihr sollt nicht ehebrechen, ich aber sage euch, wer eine Frau ansieht, sie zu begehren, bricht mit ihr die Ehe in seinem Herzen.“ Das heißt, er macht den Menschen darauf aufmerksam, daß der vollendete Ehebruch, so wie Moses ihn meinte, nur das Endprodukt eines Vorganges ist, der damit anfängt, wo – bezeichnenderweise – ein Mann eine Frau begierdevoll anschaut. Da beginnt bereits Ehebruch.

Ehebruch mit der eigenen Frau

C.P.: Betrifft das nur eine verheiratete Frau?

W. Gädeke: Nein, das wird im Evangelium nicht gesagt. Es wird noch nicht einmal gesagt, daß eine fremde Frau gemeint ist. Es kann sogar die eigene Frau betreffen.

C.P.: Das müssen Sie aber erläutern!

W. Gädeke: Begierde ist immer etwas, was abschließt, also den Menschen vom Menschen trennt. Wenn man unter Ehe Verbindung versteht, ist demzufolge Begierde immer etwas, was trennt. Insofern betrifft das damit auch die eigene Ehe.

C.P.: Bedeutet das, daß ich etwas für mich haben will und dabei gleichzeitig den anderen nicht fördern möchte?

W. Gädeke: Ja, so kann man es sagen. Es kommt jetzt aber darauf an, daß uns das Evangelium auf eine konkrete Anfangssituation eines Fehlverhaltens hinweist. Darauf werden wir aufmerksam gemacht. Um es in einem Bild auszudrücken: Wenn ich erst mit dem Löscheimer komme, wenn das Haus bereits brennt, ist es zu spät. Wenn ich aber in dem Moment, wo das Kind ein Zündholz an den Vorhang hält, reagiere, dann ist der Löscheimer richtig. Man muß also da ansetzen, wo die Situationen anfangen, wenigstens nachträglich im Bewußtsein. Wo ist aus der Disposition der Sündenkrankheit das konkrete Fehlverhalten hervorgegangen? War es in einer Vorstellung, in einem Wunsch, in einer Wahrnehmung?

C.P.: Spielt dabei auch das eine Rolle, was Sie vorhin über das Verhältnis der Wesensglieder gesagt haben?

W. Gädeke: Ja, das ist der Boden, aus dem das alles hervorwächst. Wenn ich sozusagen das Unkraut erwische, wenn es seinen ersten Halm herausstreckt, dann kann ich es noch gut rausreißen. Wenn es aber ausgesamt hat, dann wird es schwierig. Man sollte also dafür das Bewußtsein schärfen, wo die Schwierigkeiten beginnen. Zum Beispiel machen das alle Leute, die bei den Anonymen Alkoholikern sind: Wenn andere anfangen zu trinken, wenn man in bestimmten Kreisen verkehrt – da beginnt das Problem, nämlich vor dem ersten Tropfen. Auf diese Weise kann man allmählich darauf aufmerksam werden, wie man bestimmte Situationen und Konstellationen vermeidet. Das ist aber kein Druck von außen mit moralischem Zeigefinger, sondern die ganz eigene persönliche Entscheidung.

Verzeihen und Versöhnung

C.P.: Könnte man sein Ich auch so stark machen, daß man den ganzen Verführungen standhält?

W. Gädeke: Ja, das ist auch möglich, vielleicht kann man es ja auch ganz gut aushalten, wenn der andere Alkohol trinkt und selber braucht man es nicht. Aber zuerst einmal sollte man sich diese Situationen bewußtmachen und darauf aufmerksam werden.

Weiterhin kann man mit dem Priester zusammen seine Vergangenheit aufarbeiten, was Rudolf Steiner die „Durchchristung der Erinnerung“ nennt. Man lernt zum Beispiel – wenn es auf äußere Weise nicht mehr ausführbar ist, weil der andere Mensch nicht mit einem sprechen möchte – einem Menschen, der einem in der Vergangenheit etwas angetan hat, zu verzeihen und zu vergeben, auch wenn er nicht darum gebeten hat. So kann man rückwirkend die Vergangenheit aufarbeiten.

C.P.: Und was macht man in der Situation, in der der andere Mensch immer wieder das gleiche weitermacht?

W. Gädeke: Dann wird es mit dem Verzeihen natürlich schwieriger. Dafür gibt es in dem Evangelium auch eine christliche Anweisung: „Wenn Dein Bruder gegen Dich sündigt, so sprich mit ihm. Hört er Dich, so hast Du einen Bruder gewonnen, hört er Dich nicht, so nimm zwei Zeugen hinzu. Hört er die nicht, so bring es vor die ganze Gemeinde. Hört er die nicht, so halte ihn für einen Zöllner und Sünder." Drei Stufen der Konfliktbewältigung werden angeboten: Die erste ist unter vier Augen, also ein Gespräch zu zweit; die nächste ist im kleinen Kreis, vielleicht mit zwei weiteren Menschen; dann wäre es die größere Gemeinschaft. Wenn all diese Versuche nicht zur Versöhnung führen, soll man – und das finde ich besonders tröstlich und realistisch – sich von diesem betreffenden Menschen fernhalten. Es gibt Situationen im Menschenleben, da können wir nichts anderes machen, als uns daraus fernhalten. Das sollte man aber nicht gleich machen, sondern erst diese drei Instanzen versuchen.

C.P.: Ich möchte noch einmal zusammenfassen: Als erste Stufe im seelsorgerischen Gespräch entwickelt der Mensch ein genaueres Verständnis der Sündenkrankheit, als zweites betrachtet er seine eigenen konkreten Sünden und dadurch geschieht eine Vergangenheitsbewältigung. Das Verstehen der eigenen Situation ist dabei wichtig, aber auch das Akzeptieren dieser Kluft, die wir von Mensch zu Mensch haben, und der daraus entstehenden Folge, daß wir uns oft gar nicht verstehen können. Vielleicht erkenne ich dann Mißverständnisse, die dadurch entstanden sind, daß ein anderer Mensch völlig anders gedacht, gefühlt und gehandelt hat, als ich es überhaupt in meinem Spektrum haben konnte.

W. Gädeke: Genauso entstehen oft Verletzungen, nämlich nicht aus bösem Willen, sondern weil ich es gar nicht in meinem Spektrum, in meinem Erlebnisbereich, habe, wie er denkt und fühlt.

C.P.: Wenn man diese Dinge alle ins Bewußtsein hebt, sind sie klärend. Sind sie dadurch aber nicht erst schmerzhafter als zuvor?

W. Gädeke: Richtig, es ist in vielen Fällen erst einmal eine stärkere Belastung.

C.P.: Und wie geht der Priester damit um?

W. Gädeke: Das muß man differenziert betrachten, der Priester hat dafür keine Patentrezepte. In der katholischen Kirche gab und gibt es für bestimmte Sünden bestimmte Ausgleiche, zum Beispiel zehn Vaterunser, zwei Glaubensbekenntnisse usw. Da wird eine religiöse Übung als Strafe oder Buße gedacht. Die Frage ist aber die: Was kann als Ausgleich getan werden, zuerst bei demjenigen selbst, also im ersten und zweiten Bereich der Schuld, um sich dann selbst wieder auf die Höhe zu bringen? Dafür gibt es viele Übungen, die Rudolf Steiner angegeben hat, außerdem die Pflege des religiösen Erlebens, die Pflege des Verzeihens und vieles andere an Mitteln der Selbsterziehung. Es kann zum Beispiel ganz einfach sein, daß ein Priester dem Menschen rät, sich bei einem anderen zu entschuldigen. Das sind ganz elementare Dinge. Oftmals ist es eben ein Weg, einzusehen, daß man bestimmte Handlungen aus einer partiellen Bewußtseinsverdunkelung heraus getan hat. Dabei ist es eine Hilfe zu wissen, daß auch der andere Mensch von all diesen Dingen nicht frei ist. Wenn man nämlich eingesehen hat, daß man nicht nur selbst Täter und der andere Mensch Opfer ist, sondern jeder Mensch prinzipiell Täter ist, weil er eben sündenkrank ist, fällt der Schritt des Verzeihens leichter.

Die „Währung“ für die Ätheraura

C.P.: Ich möchte noch einmal genauer auf den Unterschied zwischen Berater und Priester eingehen. Ein Mensch hat, bewußt oder halbbewußt, zum Teil aus den genannten Notwendigkeiten heraus, Schuld begangen, und diese Schuld ist nun in die Ätheraura eingeschrieben. Ein Berater oder Psychotherapeut hat nicht die Möglichkeit, an dieser Ätheraura nun etwas zu ändern, zu bereinigen oder was auch immer. Der Priester kann aber mit der „Währung“, die er durch sein Amt hat, diese Dimension erreichen.

W. Gädeke: Ja, man kann aber nicht sagen, daß der Priester sie persönlich hat. Es ist die Aufgabe des Priesters, den Menschen zu verdeutlichen, daß dieser dritte Teil der Schuld, also die objektive Schuld, nur durch den Jesus Christus ausgeglichen werden kann. Nur der Christus Jesus kann gegenüber dem Vatergott diesen Ausgleich schaffen. Und der einzelne Mensch wiederum kommt zu diesem Ausgleich durch seine Beziehung zu dem Christus Jesus.

„Ein Mensch könnte sein Karma vollständig ausgetragen haben, getilgt haben, d.h. er könnte subjektiv alles das ausgleichend sich angeeignet haben, was er an Unvollkommenheiten verübt hat, am Ende der Erdenzeit; er könnte vollkommen geworden sein in seinem Seelischen, in seinem Ego, aber objektiv würde Schuld und Sünde dastehen in dem, was da zurückbleibt. Das ist durchaus eine Wahrheit, denn wir leben nicht nur für uns selbst, wir leben nicht dafür, daß wir durch Ausgleich unseres Karma uns egoistisch vollkommener machen, wir leben für die Welt, und am Ende der Zeiten werden dastehen die Reste unserer Erdeninkarnationen wie ein mächtiges Tableau, wenn wir nicht den lebendigen Christus in uns aufgenommen haben ... Und haben wir innerlich ergriffen dieses ‚Nicht ich, sondern der Christus in mir‘, der Christus in uns, so übernimmt er das, was aus uns herauszieht, und unsere Reste stehen da von dem Christus belebt, von dem Christus durchlebt und durchstrahlt." (Rudolf Steiner: Christus und die menschliche Seele. GA 155, Dornach 1982, S.205)

Es ist also eine Beziehung zu dem Christus nötig, um diese Schuld auszugleichen.

C.P.: Christus übernimmt diese Schuld aber nicht von alleine, man muß aktiv selbst etwas dafür tun. Was ist das?

W. Gädeke: Das ist der eigentliche Beichtvorgang, daß man nämlich dem Christus mit Bewußtsein seine Schuld übergibt. Wir vertrauen es ihm an mit dem Wissen um seine Wandlungskraft. Er allein kann diese Wandlung bewirken. Das Bild mit der Währung ist hier nicht so verkehrt. Man hat das in der Christenheit auch immer so verstanden, daß der Christus die objektiven Teile der Schuld verwandeln kann, daß nämlich sein Tod und seine Auferstehung eine Stellvertretung ist für das, was wir Menschen nicht tun können. Luther nannte das „den fröhlichen Wechsel". Augustinus hat das sogar im Sinne eines Finanzwechsels gesehen, daß wir etwas bezahlen müssen, was wir gar nicht bezahlen können. Der Christus entrichtet sozusagen diese Schuld dem Vater gegenüber.

Schuld ist eine kostbare Substanz

C.P.: Wir können also mit unseren Möglichkeiten Christus erreichen, und dieser wiederum kann dann den Gottvater erreichen.

W. Gädeke: Darin besteht die Erlösung, daß das, was sonst negativ und zerstörerisch, was sonst todbringend wäre, von dem Christus in eine zukünftige Lebenssubstanz verwandelt wird. Insofern ist Schuld sogar eine kostbare Substanz, die, wenn sie von dem Christus nicht verwandelt wird, eine Beute der Widersacher wird. Das Übergeben dieser Schuld ist der religiöse Prozeß des Beichtsakramentes. Die anschließende Kommunion ist die Erkraftung, daß das, was bewußtseinsmäßig erkannt worden ist, allmählich in der Seele auch wirken kann. So heißt es zum Beispiel in den Texten der Menschenweihehandlung, daß der Christus die Macht der Sündenkrankheit dämpfen möge. Das bedeutet nicht, daß er sie auslöschen möge, sondern uns in der ringenden Seele stärken möge. Die Funktion der Kommunion ist unter anderem eine Art Erlösung von der Übermacht der Widersachermächte.

C.P.: Oft ist es doch aber so, daß die Menschen in akuten Konfliktsituationen kommen und in ihre seelische Not verstrickt sind. Sie möchten zunächst ganz praktische Lebenshilfe, Erleichterung, „Dampf ablassen". Wichtige Fragen, wie zum Beispiel nach Sündenkrankheit und Schuld, stehen da gar nicht im Vordergrund, und es bedarf erst einmal vieler Gespräche, um für solche Fragen einen Freiraum zu schaffen.

Der Schrei
Edvard Munch
1893, Nasjonalgalleriet Oslo

W. Gädeke: In solchen Situationen können dann die Berater und Therapeuten viel tun. Selbstverständlich gibt es auch Menschen, für die eine weitergehende Beratung im Sinne dessen, was wir als die priesterliche Tätigkeit beschrieben haben, gar nicht ansteht. Für solche Menschen ist dann die akute Konfliktklärung völlig genügend. Ein Kollege erzählte mir einmal beim Treffen der Eheberater: „Wenn die beiden Ehepartner wieder miteinander reden können und ihre Konflikte offen aussprechen können, dann habe ich meine Arbeit getan. Ich will ihnen gar nicht die Probleme lösen oder neue Perspektiven eröffnen oder gar Sinndimensionen aufzeigen. Ziel ist lediglich, daß die Menschen offen über ihre Situation und ihre Konflikte sprechen können." Und wem das als Klient genug ist, der kann selbstverständlich zu einem solchen Berater gehen.

C.P.: Gibt es denn viele Menschen, die die von Ihnen geschilderte Seelsorge eines Priesters der Christengemeinschaft in Anspruch nehmen?

W. Gädeke: Nein, so viele sind es noch nicht, es gibt ja auch noch wenig Priester in der Christengemeinschaft. Es ist alleine das schon sehr viel, wenn ein anthroposophischer Berater all diese Fragen unter dem Gesichtspunkt der Reinkarnation betrachtet und den Menschen damit berät. Da ist ein neuer und anderer Horizont aufgetan, und dafür sind heute sehr viele Menschen offen, mehr als man denkt.

Wenn jemand am Durchdrehen ist

C.P.: Was geschieht aber in dem Vorfeld der Seelsorge? Was macht ein Priester, zu dem ein Mensch kommt, der wegen seiner Lebenssituation völlig am Durchdrehen und für geistige Fragen noch nicht offen ist?

W. Gädeke: Da muß man erst einmal rein menschlich helfen. Aber diese Menschen kommen meistens gar nicht zum Priester, das ist nur sehr selten der Fall. Diejenigen, die kommen, sind auch nicht immer erklärte Anthroposophen oder Christen, aber für sie ist die Sinndimension die eigentliche Frage. Wer das nicht mindestens fühlt, kommt auch nicht zu mir, zum Beispiel in die Eheberatung.

C.P.: Könnte man das so sehen, daß ein Biographieberater dann sozusagen Vorarbeit für den Priester leistet?

W. Gädeke: Das kann teilweise der Fall sein, wenn der Klient dann weitere Fragen an einen Priester hat.

C.P.: Das heißt also, daß man sich als Biographieberater und als Priester nicht ins Gehege kommt?

W. Gädeke: Das muß überhaupt nicht sein. Das ist genauso, wie wenn hier jemand in der Gemeinde einen Vortrag hält, weil er über ein bestimmtes Thema einfach besser Bescheid weiß als ich. Warum sollte er das nicht tun? Ich sehe da keinerlei Rivalitäten. Wenn es weiterhilft und die Menschen danach fragen, warum sollte jemand nicht Biographieberatung machen?

C.P.: Wieweit bezieht ein Priester die Biographie seiner Gemeindemitglieder, mit denen er durch seine Arbeit verbunden ist, mit ein?

W. Gädeke: Selbstverständlich bezieht er auch die Biographie mit ein, die muß er sich aber erst erzählen lassen. Vieles ist ja nur aus der Biographie heraus zu verstehen. Er kann gar nicht raten und helfen, wenn er nicht ein Stück Biographiearbeit macht.

C.P.: Macht er das nur, wenn die Menschen in der Seelsorge zu ihm kommen?

W. Gädeke: Ja, natürlich, ich kann ja nicht zu den Leuten hingehen und sagen: „Lassen Sie uns mal an Ihrer Biographie arbeiten." Die Menschen müssen von sich aus kommen. Wenn zum Beispiel jemand Mitglied wird, lasse ich mir auch immer sein Leben erzählen. Das hat zum Ziel, daß der Mensch dann weiß, wie sein Entschluß zum Eintritt in die Christengemeinschaft in der gesamten Biographie drinnensteht. Auch wenn zwei Menschen heiraten wollen, lasse ich mir ihre Biographie erzählen, aber nicht im Sinne einer Biographieaufarbeitung. Wenn aber ein Paar kommt, das vorher schon mit anderen Partnern verheiratet war, dann lasse ich mir viel mehr über die Biographie erzählen, denn dann geht es in Richtung Aufarbeitung der Vergangenheit. Man kann dann sehen, ob sie aus den vergangenen Schmerzen alles, was möglich ist, gelernt haben oder ob sie noch einmal von vorne anfangen, als wäre nichts gewesen. Grundsätzlich kann ich aber nur mit den Menschen arbeiten, die zu mir kommen und das Gespräch suchen.

C.P.: Nach welchen Kriterien entscheiden Sie, ob Sie in einer Eheberatung mehr oder weniger intensiv die Biographie aufarbeiten?

W. Gädeke: Das ist schwer zu sagen. Wenn zum Beispiel die Problematik der Ehe verhältnismäßig einfach liegt und mit Ratschlägen oder Kommunikationsübungen die Sache schnell zu beheben ist, dann ist ein Eingehen auf die Biographie nicht so nötig. Zum Beispiel kam zu mir ein Ehepaar, da war geistig-seelisch alles in Ordnung, nur in dem sexuellen Bereich war auf eine komische Weise etwas schief. Das konnte dann für sich betrachtet werden, auch ein wenig biographisch, aber dafür reichten drei bis vier Gespräche. Wenn man jedoch merkt, daß die Menschen unheimlich miteinander verhakt sind und etwas Vergangenes immer wieder heraufkommt, dann ist auf jeden Fall angezeigt, daß man eine Vergangenheitsaufarbeitung macht. Man muß von Fall zu Fall entscheiden, ob Biographiearbeit nötig ist.

Wenn man anderen Schmerzen zufügen muß

C.P.: Ich möchte noch etwas fragen zu der Schuld eines Beraters oder vielleicht auch eines Seelsorgers. Beide sind in der Situation, daß sie, um dem Menschen zu helfen, auch schmerzhafte Situationen hervorrufen müssen. Diese Situationen sind sowieso da, aber durch das Bewußtmachen werden sie dann noch einmal schmerzhaft. Man stört also eine Harmonie, die eine Scheinharmonie ist, mit der Perspektive, das nachher wieder auszugleichen. Kann man sagen, daß der Berater oder auch der Priester in dem Fall Schuld auf sich nimmt?

W. Gädeke: Ja, es gibt Situationen im Leben, wo man – wie bereits gesagt – Schuld auf sich nehmen muß. Ein gutes Beispiel dafür ist auch die Kindererziehung: Wenn man ein Kind wirklich liebt, weiß man, daß man ihm nicht alles gestatten darf, was es will. Man muß ihm Grenzen setzen, Schmerzen zufügen, heute würde man sagen: Frustrationen verschaffen. Es läßt sich nicht vermeiden, daß man dem Kind Schmerzen zufügt, allerdings aus Liebe. Der Chirurg muß etwas zerschneiden, der Zahnarzt muß bohren usw. Es läßt sich nicht vermeiden, daß man schicksalsmäßig so miteinander verquickt ist, daß man den anderen Menschen Schmerzen zufügt und sich dadurch schuldig macht.

C.P.: So ist das für einen Priester oder Berater also auch nichts Besonderes, sondern nur das gleiche, das es für die anderen Menschen in allen Lebenssituationen auch ist.

W. Gädeke: Genau, durch alles Tätigsein wird man schuldig. Es ist aber eine Schuld, die unter positiven Vorzeichen steht. Man könnte auch sagen, daß Michelangelo Mauerblöcke zerschlagen mußte, um hinterher daraus Kunstwerke zu schaffen, der Metzger muß die Tiere schlachten usw. Es kommt zunächst einmal darauf an, ob es im Dienste des Positiven ist.

C.P.: Viel seelisches Leid entsteht dadurch, daß in der entsprechenden biographischen Phase das Kind oder der Erwachsene das nicht bekommen hat, was entwicklungsmäßig anstand. Zum Beispiel ist im ersten Jahrsiebt des Kindes ein Urvertrauen zu der Welt nötig, damit sich das Kind gesund entwickeln kann, und wenn das nicht entstanden ist, ist es schwierig, diesen Verlust auszugleichen. Gerade dieser Mangel hinterläßt auch in den späteren Lebensphasen deutliche Spuren. Es ist immer eine Frage in der Beratungssituation, wie solche Defizite ausgeglichen werden können. Haben Sie als Priester, aufgrund Ihrer beruflichen Möglichkeiten, besondere Mittel, damit umzugehen?

W. Gädeke: Nehmen wir zum Beispiel das Thema „Grundvertrauen". Das ist etwas, was man auch als die Religion des kleinen Kindes bezeichnen kann. Das Vertrauen in die Welt, darauf, daß alles gut ist, ist das Vertrauen in das Walten des Vatergottes, niemand ist gut, außer Gott allein. Das ist die religiöse Dimension dabei. Und wenn das aus irgendeinem Grunde gestört oder zu schwach ist, gerade dann ist das religiöse Leben besonders angezeigt. Wenn es gelingt, einem solchen Menschen einsichtig zu machen, daß besonders für ihn Religion notwendig ist, dann hat man gerade als Priester besondere Möglichkeiten, ihm zu helfen. Da kann er auf

Vier Lebensalter
Edvard Munch
1902, Sammlung Rasmus Meyer, Bergen

dem religiösen Felde nachholen und ausgleichen, was ihm gefehlt hat. Grundvertrauen ist eine religiöse Frage.

C.P.: Nehmen wir als nächstes Beispiel das zweite Jahrsiebt: Ein Kind wurde ohne Phantasie, nur auf trockene kalte Weise erzogen. Es fehlt diesem Menschen im späteren Leben alles Schöpferische und Kreative. Wäre das denn nicht eine Sache der Kunsttherapie?

Defizite der Kindheit ausgleichen

W. Gädeke: Ja, wenn man das so schematisieren will, könnte man das sagen. Aber dieses Defizit im zweiten Jahrsiebt ist ja letztlich eine Frage des Schöpferischen, und das Schöpferische hat seinen Ursprung im Sohnesgott, im Christus, der im Schicksal waltet.

C.P.: Und wie sieht der Ausgleich dann konkret aus?

W. Gädeke: Man versucht, daß der Mensch eine Beziehung zu dem Christus aufnimmt, über das Evangelium, das Gebet, den Kultus usw. Wenn der Mensch dafür offen ist, dann kann man ihm das aufzeigen. Ich will aber nicht sagen, daß das die einzige Möglichkeit ist. Es kann genauso gut sein, daß der Mensch dafür gar nicht offen ist und auch nicht über die Person des Priesters, die manchmal eine Brücke, manchmal aber auch ein Hindernis sein kann, dazu findet. Es liegt dann im Bereich der Schicksalsereignisse, ob vielleicht ein Kunsttherapeut dem Menschen nahesteht und ihm etwas geben kann. Es reicht ja schon, wenn es überhaupt vorwärts geht, das muß ja nicht gleich auf allen Gebieten sein.

C.P.: Kennen Sie noch mehr Beispiele, wie man bei speziellen Defiziten zielgerichtet religiöse Hilfe anbieten kann?

W. Gädeke: Nehmen wir die Frage: Wie wird man schöpferisch? Man wird es dadurch, indem man für Verstorbene betet. Rudolf Steiner hat angegeben, daß man für Verstorbene die Fürbitte für deren Weg im Nachtodlichen leisten sollte, daß sie einem dadurch nahe sind und Denkfähigkeit, Einfallsreichtum und schöpferische Fähigkeiten geben. Das ist ein Beispiel, wie im Menschen die schöpferische Fähigkeit angeregt wird, daß er etwas Spezielles im Religiösen tut. Es fällt einem dann im richtigen Moment das Richtige ein. Nur geht das nicht von heute auf morgen, wie beim Gebet überhaupt. Und man sollte auch nicht nur deshalb für Verstorbene beten, damit man schöpferisch wird. Das wäre die falsche Motivation.

C.P.: Gibt es noch speziell, da wir gerade dabei sind, religiöse Übungen für Defizite aus dem dritten Jahrsiebt?

W. Gädeke: Da gibt es vieles. Speziell für die Defizite aus den ersten drei Jahrsiebten gibt es natürlich nicht nur religiöse Übungen, da kommen die pädagogischen, therapeutischen und sogar medizinischen Möglichkeiten stark in Betracht. Es kann sein, daß gerade in den ersten drei Jahrsiebten eine Schädigung bis ins Physische gegangen ist, so daß über das Bewußtsein gar nichts verändert werden kann. Das ist ein Feld, in dem Pädagogik, Medizin und Religion zusammenwirken müssen. Steiner hat das als ein Zukunftsideal gesehen, daß die drei Berufe Arzt, Priester und Pädagoge zusammenarbeiten. Deshalb sollte man da immer gemeinschaftlich denken und nie ausschließlich.

C.P.: Und der Berater?

W. Gädeke: Den würde ich im Grunde als Pädagogen sehen, denn er führt den Erwachsenen an die Selbsterziehung heran.

Religion als Kraftquelle nach der Lebensmitte

C.P.: In der Lebensmitte, das kann von Anfang dreißig bis Ende dreißig gehen, lassen im Menschen die natürlichen Kräfte nach. Das, was ihn bisher aus seiner physischen Vitalität getragen hat, zieht sich zurück. Der Mensch muß sich nun verstärkt andere Kraftquellen aufgrund seiner eigenen Aktivität erschließen. Wissenschaft, Kunst und Religion können diese Kraftquellen sein. Konzentrieren wir uns auf die Religion: Wie muß der Umgang mit ihr sein, daß daraus überhaupt eine Kraftquelle entstehen kann? Es kann ja sicherlich nicht genügen, wenn man jede Weihnachten in die Kirche geht.

W. Gädeke: Der Umgang muß so sein, daß er dem Wesen der Religion entspricht, d.h. es ist eine Frage des lebendigen Rhythmus. Wenn Religion nicht Leben wird, dann wird sie auch keine Kraftquelle. Wenn ich nur bete, weil es mir schlecht geht oder weil ich meine egoistischen Wünsche befriedigen möchte, kann das keine Kraftquelle sein. Sie kann es nur werden, wenn Religion um ihrer selbst willen und in Regelmäßigkeit vollzogen wird.

C.P.: Kann man es als einen ätherischen Prozeß bezeichnen?

W. Gädeke: Richtig, sie muß genauso regelmäßig getan werden wie Essen und Trinken, Atmen und Schlafen.

C.P.: Und in welchen Zeiträumen beginnt dann die ätherische Kraft der Religion zur wirken, da das ja nicht von heute auf morgen oder innerhalb weniger Wochen passieren wird?

W. Gädeke: Dazu gibt es eine Angabe von Rudolf Steiner in seinem Vortrag über „Das Wesen des Gebetes" (in GA 59), worin er beschreibt, daß ihn jemand, der betete, fragte, warum er gar keine Wirkung verspüre. Daraufhin erwidert Rudolf Steiner, daß man einmal das eigene Leben beobachten solle, dann zehn Jahre lang beten und sich dann fragen, wie das Leben war, bevor man gebetet hat, und wie es jetzt sei. Damit ist die Dimension angesprochen, in der religiöses Leben überhaupt wirksam wird. Man muß da mit Jahren und Jahrzehnten rechnen. Das ist wie mit allen

Verwandlungsprozessen des Ätherleibes, die verhalten sich zu seelischen Wandlungen wie der kleine Zeiger auf der Uhr im Verhältnis zum großen.

C.P.: Können Sie charakterisieren, wie sich ein Leben durch jahre- und jahrzehntelange religiöse Pflege verändern kann und wie das dann aussieht?

W. Gädeke: In dem Buch „Interviews mit Sterbenden" beschreibt Elisabeth Kübler-Ross, daß die Menschen, die ein religiöses Leben geführt hätten, leichter und harmonischer gestorben seien. Man kann sagen, daß Religion auch dazu da ist, um besser sterben zu können.

Das heißt aber außerdem, daß man mit allen Wechselfällen des Lebens besser umgehen kann, man wird ruhiger und gelassener. Es ist nicht so, daß man überhaupt keine Angst und überhaupt keine Aufregung mehr hat, aber diese werden weniger. Vielleicht kann man sich auch ein wenig selbstverständlicher mit anderen Menschen freuen. Das heißt, daß die Sündenkrankheit im Seelischen nicht mehr gar so wirkt. Vielleicht wird man von Neid, Mißgunst ein wenig freier und kann sich dann freuen, wenn anderen etwas gelingt, und kann mitleiden, wenn ihnen etwas mißlingt. Gefühle werden dann adäquater zu den Tatsachen der Welt, man kann mit der Welt mitfühlen. Man entwickelt dadurch auch eine gewisse Schicksals- und Vertrauensstimmung.

C.P.: Kann man die Religion dann auch so verstehen, wie es in dem Spruch von Angelus Silesius genannt wird: „Wer nicht stirbt, bevor er stirbt, der verdirbt, wenn er stirbt"?

W. Gädeke: Ja, denn man lernt dadurch verzichten, loslassen, delegieren – alles das fällt darunter.

Gedankenspiele mit dem Karma

C.P.: Ich möchte Sie nun einiges zum Thema „Karma" fragen. Darüber denken manche Anthroposophen ja immer sehr gerne nach, kommen ins Spekulieren und betreiben allerlei Gedankenspiele, wobei ich nicht abstreiten möchte, daß man das Karma völlig ernsthaft erforschen kann. Wie kann der Karmagedanke – oder Aspekte des Karmagedankens – eine ganz reale Lebenshilfe sein, auch wenn man nicht geisteswissenschaftliche, meditative Erfahrungen damit gemacht hat?

W. Gädeke: Zunächst faßt man ja den Gedanken, daß mein Ich nicht nur das ist, was ich in mir fühle, bis hin zu meinem Körper, sondern daß meine Welt um mich herum auch mein Ich ist. Rudolf Steiner entwickelt in der „Theosophie" (GA 9), daß man das, was auf einen zukommt und einem begegnet, auch ist: Tat twam asi – Das bist du selbst. Diese Grundempfindung, die schon in der indischen Weisheit ausgesprochen wurde, zeigt auf, daß alles, auch das Negative, das einem begegnet, man selber ist. Das ist eine Stufe vor dem Karmagedanken, hängt aber mit ihm zusammen. Alle

Instant Karma I
Carl-Thomas Wiese
1989/90

Altes - Mythologisches - Chaos
verbunden durch die Wünschelrute
mit Gegenwärtigem
mit haltlosen Bruchstücken des Spießertums

meine Lebensumstände sind karmischer Natur, d.h. sie sind von den Hierarchien so eingerichtet, daß ich mein Leben in richtiger Weise weiterführen kann. Insofern ist es nicht zufällig, in welche Landschaft, welche Stadt man geboren wird, welche Lehrer man hat, welche Ausbildungen man durchläuft, welche Erfahrungen, Schmerzen und Krankheiten man durchleidet. Das wurde mir alles von den Hierarchien gemäß meinem Karma zugeteilt. Es ist der Grundgedanke, daß alles zu mir gehört, was mir je widerfährt. Ich kann nicht mehr länger die Eltern dafür verantwortlich machen, was sie mir angetan haben. Dazu gibt es übrigens von Steiner eine sehr interessante Aussage, daß das Kind nicht alles von den Eltern aufnimmt, sondern daß nachts der Engel des Kindes mit auswählt, was das Kind wirklich betreffen soll. Nicht jede Dummheit, die die Eltern mit den Kindern machen, kommt bei ihnen auch ganz tief an. Das ist ein phantastischer Gedanke, tröstlich für jedes Elternpaar. Es ist natürlich nicht ein Freibrief, aber dennoch wählt das Kind bis zu einem gewissen Punkt aus, was es braucht. Man kann ja auch erleben, daß das eine Kind unter dem Vater leidet und das andere nicht. Also kann es nicht nur an dem Vater liegen. Das, was mich dann an dem Vater betroffen macht, das bin ich selbst. Das ist natürlich peinlich und widerspricht jeder Art von Schreitherapie oder dem Pappkameraden, den man mit dem Gesicht des Vaters anmalt und nachher mit dem Messer attackiert, um dann – wie es heißt – seine Aggressionen abzubauen. Das ist Aggression gegen sich selber, letztlich Autoaggression. Wenn man solche Gedanken einmal denkt, sieht man, daß die anthroposophische Psychologie ganz andere Dimensionen erreicht. Insofern kann es sehr heilsam, aber auch schmerzlich sein, anzuerkennen, daß man alles selber ist, was einem begegnet.

Außerdem ist der Karmagedanke sehr heilsam, sich darüber klar zu werden, wie man zu seinen Mitmenschen steht: Ist da etwas verhakt und klemmt, weil es einfach zu nahe ist, oder haben wir eine ganz freie Beziehung miteinander? Man kann ein Gefühl für die Freiheit und das Belastetsein einer Beziehung oder Begegnung bekommen. Wenn die Beziehung belastet ist, kann man ziemlich sicher sein, daß da schon etwas vorliegt.

Außerdem kann der Karmagedanke im Sozialen hilfreich sein, wenn man spürt, daß man etwas auszutragen hat. Denn es ist eine Aufgabe, was man auszugleichen hat, und es geht nicht um das Spekulieren, wer wohl dieser oder jener im letzten Leben war. Das ist völlig unfruchtbar.

Wenn einem immer das gleiche passiert

C.P.: Ich habe zum Beispiel Menschen kennengelernt, die immer wieder in ähnlichen Situationen von einem anderen Menschen verlassen wurden und nun die Frage hatten, ob das wohl Karma sei. Das Ganze hatte aber manchmal den – meiner Meinung nach – unguten Aspekt, daß dieses „Erwarten des Karma“ von der wirkliche Bewältigung des Problems mehr wegführte als dazu half. Was meinen Sie dazu?

W. Gädeke: Es kann sein, daß sich bestimmte Verhaltens- und Entwicklungsmuster immer wiederholen, weil man eben nicht lernt, was man daran zu lernen hätte. Dann kommt es auch wieder: Man faßt so lange an den heißen Herd, bis man dann gemerkt hat, daß ein Zusammenhang zwischen dem heißen Herd und den Schmerzen, die man hinterher hat, besteht.

C.P.: Ich finde es für die praktische Biographiearbeit zunächst völlig unerheblich, ob irgend etwas karmische Ursachen hat oder nicht. Als erstes sollte man doch seine Kraft und Gedanken daraufhin verwenden, wie man die jetzige Situation bewältigen kann. Wie würden Sie es zum Beispiel angehen, wenn zwei Menschen besonders stark miteinander verhakt sind und das eine karmische Ursache haben könnte?

W. Gädeke: Man kann zunächst einmal an diesem Verhaktsein ein Gefühl dafür bekommen, wie tief eine solche Problematik sitzt. Man kann dann wissen, daß das Problem nicht in vier Wochen zu bewältigen ist, sondern daß man Geduld haben muß. Vielleicht bleibt die ganze Sache für den Rest des Lebens bestehen. Manche Dinge sind nur dadurch zu bewältigen, daß man sie einfach erträgt. Da besteht die Aufarbeitung nicht im Verwandeln, sondern im totalen Stillhalten.

Verwandeln oder aushalten?

C.P.: Da wird es aber interessant – wo ist dann Verwandlung und wo Stillhalten angesagt?

W. Gädeke: Stillhalten ist angesagt, wenn die Verwandlung trotz aller Bemühungen jahrelang nicht greift.

C.P.: Heißt das, daß man dann resigniert?

W. Gädeke: Nein, daß ich zum Beispiel ein Mann bin, muß ich doch das ganze Leben lang ertragen. Ich kann zwar weibliche Aspekte entwickeln, aber ich muß mein Leben lang die Aspekte meiner Männlichkeit grundsätzlich ertragen. Ertragen heißt nicht, untätig sein. Hypomonä heißt bei den Griechen Geduld und wörtlich übersetzt bedeutet es: darunterbleiben, sich darunterstellen. Das ist das Bild des Atlas, der die ganze Welt auf den Schultern trägt. Wir haben schon genug damit zu tun, uns selber zu ertragen und Geduld mit uns selber zu haben. Das hat aber nichts mit Resignation und Untätigkeit zu tun.

Im Grunde genommen ist aber alles Karma. Karma heißt nämlich, daß eine Erscheinung nie alleine dasteht, sondern mit etwas Vergangenem oder auch Zukünftigem zusammenhängt. Man darf den Karmabegriff nicht auf

Instant Karma II
Carl-Thomas Wiese
1991/92

Kindheit
Murmelkreiselroller
Schauendes
sich-befreiendes Feuer

die Vergangenheit einengen, d.h. ein Ereignis braucht nicht seine Ursache im Vergangenen zu haben, sondern es kann selbst Ursache eines zukünftig Folgenden sein. Der Karmabegriff als solcher hat nicht die eindeutige Vergangenheitsbeziehung, die man ihm leicht anhängt.

Das eigentliche Handwerkszeug zur Lebensbewältigung

C.P.: Rudolf Steiner hat in seinen Karmavorträgen Übungen angegeben, die gezielt Erkenntnisse und Bilder aus der letzten Inkarnation verschaffen sollen. Was sollte man an Bewältigung in dem alltäglichen Leben schon erreicht haben, bevor man sich solchen Übungen zuwendet?

W. Gädeke: Ich glaube, die Übungen, die Rudolf Steiner in „Wie erlangt man Erkenntnisse der höheren Welten?" (GA 10) und „Praktische Ausbildung des Denkens" (in GA 108) angegeben hat, sind das eigentliche Handwerkszeug für eine Lebensbewältigung. Menschen, die solche Grundlagen nicht haben, geraten bei Übungen auf anderen Ebenen leicht ins gefährliche Fahrwasser. Dann tauchen Spekulationen auf. Karmaerkenntnis ist eine hohe Stufe und nicht zufällig erscheinen diese Übungen in Rudolf Steiners Werk erst in den letzten Lebensmonaten. Sicherlich soll die konkrete Karmaerkenntnis in bezug auf die Vergangenheit einmal erreicht werden, aber ich würde sagen, daß die meisten Menschen davon noch meilenweit entfernt sind. Man sollte erst einmal die anthroposophischen Begriffe und Übungen für die Lebensberatung und die Lebenspraxis richtig einsetzen, da ist noch sehr viel zu tun. Ich persönlich muß nicht wissen, mit wem ich im letzten Leben zusammengewesen bin. Mir reicht es, die schicksalsmäßige Dichte einerseits und die Frage, wie es weitergeht, andererseits zu beachten. Bin ich bereit, einen anderen Menschen zu ertragen? Wenn da etwas zu ertragen ist, dann ist das ein Schicksal, das höchstwahrscheinlich aus dem letzten Leben stammt, bei dem es aber darauf ankommt, es jetzt zu bewältigen.

Deine Angst ist ins Leuchten geraten

INTERVIEW MIT PETER PETERSEN

von Christine Pflug

Prof. Dr. med. Peter Petersen: Professor für Psychotherapie an der Medizinischen Hochschule Hannover, Leiter des Arbeitsbereiches Psychotherapie und Gynäkologische Psychosomatik an der Frauenklinik der Medizinischen Hochschule, Arzt für Psychiatrie und Neurologie, Psychotherapie, Psychoanalyse. Seit etwa 25 Jahren forscht er auf dem Gebiet der Psychologie von Eingriffen in die menschliche Fruchtbarkeit (hormonale Kontrazeption, Sterilisation, Schwangerschaftsabbruch, Retortenbefruchtung). Wissenschaftliche Arbeiten und praktische Zusammenarbeit in der Psychotherapie und Kunsttherapie. Verheiratet, vier Kinder.

Buchveröffentlichungen: „Retortenbefruchtung und Verantwortung. Anthropologische, ethische und medizinische Aspekte neuerer Fruchtbarkeitstechnologien." Stuttgart 1985. „Schwangerschaftsabbruch – unser Bewußtsein vom Tod im Leben. Tiefenpsychologische und anthropologische Aspekte der Verarbeitung." Stuttgart 1986. „Strukturen therapeutischen Handelns. Manipulation und therapeutischer Dialog." Stuttgart 1987.

Weine aus die entfesselte Schwere der Angst
zwei Schmetterlinge halten das Gewicht der Welten für dich
und ich lege deine Träne in dieses Wort:
Deine Angst ist ins Leuchten geraten.

(Nelly Sachs)

Wer, auf welche Weise auch immer, mit Biographiearbeit zu tun hat, wird bald nach dem Unterschied zur Psychotherapie fragen. Diesen Unterschied *prinzipiell* festzulegen, ist allerdings sehr schwierig, falls überhaupt möglich. Denn so wenig, wie es *die* Biographiearbeit gibt, gibt es noch viel weniger *die* Psychotherapie, weil sie schon wesentlich länger und deshalb in sehr vielfältiger Theorie und Praxis existiert. In den meisten Psychotherapieformen werden biographische Aspekte mit einbezogen, wobei die Frage nach dem „Warum", also nach der Vergangenheit, oft ein größeres Gewicht hat als die nach dem „Wohin", die von der Zukunft herkommt. Es gibt Psychotherapien – auch neben den bereits existierenden Ansätzen einer anthroposophisch orientierten Psychotherapie –, die den geistigen Teil des Menschen mit einbeziehen, zum Beispiel die Logotherapie von Victor Frankl oder die initiatische Therapie von Karlfried Graf Dürckheim.

Ebenso schwierig ist es, den Unterschied von dem Anliegen des Klienten bzw. Patienten her anzugehen: Ob sich jemand grundsätzlich mit sich und seinem Leben auseinandersetzen will, ob er „nur" ein einzelnes Problem lösen möchte, krank oder gesund ist, läßt sich in der praktischen Arbeit, zumal nach einiger Zeit, nicht mehr klar abgrenzen und ist dann lediglich eine Frage der Begriffsdefinitionen (siehe dazu auch das Interview mit Wolfgang Gädeke: „Wir sind grundsätzlich schuldig", Seiten 83 ff.).

Insofern ist das folgende Interview mit Dr. Peter Petersen als eine Gegenüberstellung der Biographiearbeit mit *einem* (und nicht mal orthodoxen) Vertreter *einer* Therapierichtung, nämlich der Psychoanalyse, zu verstehen. Neben dem, daß die unterschiedlichen Schwerpunkte, Fragestellungen und Herangehensweisen dargestellt werden, wird in dem Interview deutlich, was letztlich das Entscheidende ist: die Begegnung zwischen zwei Menschen, die sich existentiell mit dem Geschehen, das zwischen ihnen stattfindet, verbinden und dadurch eine Wandlung ermöglichen. „Deine Angst ist ins Leuchten geraten" – mit diesen Worten deutet Nelly Sachs die Verwandlung des Leidens und die Ankunft des Neuen an, das als Geschehen jenseits aller Methoden und Machbarkeiten eintritt.

Christine Pflug: Was heißen Gesundheit und Krankheit im Seelischen?

Prof. Dr. med. Peter Petersen: Es fällt mir sehr schwer, diese Frage zu beantworten. Es kommen Menschen zu mir, die in Not sind, und ich bin dann gefragt als derjenige, der ihnen helfen soll. Ob sich diese Menschen dann als gesund oder krank bezeichnen, ist eine Angelegenheit, die sie selbst tun. Gegenüber der formierten Gesellschaft, bzw. der Krankenkasse, müssen sie natürlich das Etikett von Gesundheit und Krankheit bekommen, sonst würde die Krankenkasse nichts bezahlen. Da gibt es auch Normen, nach denen jemand bemessen werden kann, zum Beispiel wie stark ausgeprägt seine Symptome sind. Das ist aber sehr relativ. Es gibt manche Menschen, die man nach den offiziellen Bezeichnungen als krank einstufen müßte, die aber besser arbeiten als jeder andere Durchschnittsbürger. Andere sind vielleicht aus der Bahn geraten, haben relativ geringe Beschwerden, sind aber aufgrund ihrer Instabilität als krank zu bezeichnen. Insofern sind die Begriffe „krank" und „gesund" sehr relativ.

Der abstrakte und der integrale Krankheitsbegriff

Es gibt zwei philosophische Begriffe von Krankheit und Gesundheit: Nach dem einen sieht man Krankheit als etwas an, das man eliminieren muß; Krankheit darf zum Menschen nicht dazugehören, und die Menschheit wäre dann eine ideale, wenn es keine Krankheiten gäbe. Das ist der abstrakte Krankheitsbegriff, und das ist auch der Krankheitsbegriff der Schulmedizin. Die klassische Medizin möchte nämlich die Krankheit überflüssig machen und betrachtet sie als nicht zum Menschen gehörig. Es sollen alle Symptome vernichtet werden. Wenn ein Mensch zum Beispiel Krebs hat, werden die Krebszellen vernichtet, bis keine mehr da sind, und dann wird der Mensch als gesund bezeichnet.

Es gibt außerdem den integralen Krankheitsbegriff. Er geht davon aus, daß Krankheit etwas Menschliches ist, was dem Menschen nicht unbedingt widerfahren muß, aber wenn es ihm widerfährt, gehört es sinnvollerweise zu seinem Leben dazu und kann zu einer Vertiefung seines Lebens führen. In diesem Fall kann Krankheit zu einer völlig neuen Einbettung in das Leben führen. Wenn ein Mensch krank wird – und das kann jedem immer einmal passieren –, gehört das zu einer wichtigen Durchgangsphase in seiner Biographie.

Das sind die beiden Krankheitsdefinitionen. In dieser Form existieren sie natürlich nur theoretisch, und in der Praxis durchmischt sich das dann. In der heutigen Universität herrscht vorwiegend der abstrakte Krankheitsbegriff, während die Psychosomatik und die Psychotherapie sich mehr auf das integrale Krankheitsbild beziehen.

Therapeuten sind die Begleiter des Leidens

C.P.: Was bedeutet für Sie Therapie?

P. Petersen: Das griechische Wort lautet „Therapeuo" und bedeutet: Der Therapeut ist nicht der Heiler und auch nicht derjenige, der Beschwerden entfernt, und er ist auch nicht der Chirurg, der etwas abschneidet, sondern er ist der Begleiter und der Diener des Patienten.

Von der Wortbedeutung her kommt der Begriff „Arzt“ auch aus einer anderen Wurzel als der Begriff „Therapeut“. Früher waren die Ärzte auch mehr für den gehobenen Stand bzw. die Adligen da, während die Therapeuten die Dienenden, die Begleiter des Leidens waren. Die meisten Ärzte würden sich auch heute nach ihrem Verständnis nicht als Therapeuten bezeichnen. Therapeuten haben in ihrer beruflichen Ausfächerung eine viel größere Bandbreite als Ärzte. Therapeuten können Seelsorger, Berater, Sozialarbeiter, Kunsttherapeuten, Physiotherapeuten, Musiktherapeuten etc. sein. Therapeuten gibt es in aller Vielfalt, während die Ärzteschaft für mich eine Art Gesellschaftskonzern ist. Neben der Industrie und dem Militär steht sie mit an der ersten Stelle; Ärzte und Mediziner haben eine Lobby, die unglaublich mächtig ist – das kann man ja auch an den jährlich 200 Milliarden Mark ablesen, die in der Bundesrepublik für das ärztliche Gesundheitswesen ausgegeben werden. Dagegen wird für Psychotherapie meines Wissens noch viel weniger als 1 Milliarde Mark pro Jahr ausgegeben. Von dieser Quantität her sieht man schon, daß die Verhältnisse völlig verschieden sind. Die Ärzteschaft ist in erster Linie auf den abstrakten Krankheitsbegriff ausgerichtet, und die Schäden, die das Medizinsystem hervorruft, haben sich ja nun herumgesprochen.

Irgendwann wird dieses System auch einmal zusammenbrechen, und das wird dann ziemlich furchtbar. Es ist also eine Aufgabe, immer mehr therapeutische Strukturen aufzubauen, damit, wenn der Zusammenbruch dann einmal kommt, andere Gesundheitsstrukturen vorhanden sind, die an die Stelle der alten treten können. Therapie hat einen ganz anderen Ansatz als die Beseitigung von Störungen – sie zielt auf eine Eingliederung, eine Integration von Schmerzen, Störungen und Beschwerden.

C.P.: Könnte man dann Gesundheit in dem Sinne definieren, daß ein Mensch, dem es gelingt, die Schmerzen und Beschwerden auf eine positive Weise zu verwandeln, gesund ist?

P. Petersen: Ja, es gibt eine sehr schöne Definition von dem Schweizer Psychiater Jakob Klaesi, den ich kennengelernt habe, der mittlerweile aber verstorben ist, und die lautet: „Gesundheit ist das Vermögen, Krankheit und Gebrechen, wenn nicht dankbar, so doch fruchtbar zu ertragen.“ Mit dem Begriff der Verwandlung bin ich ein wenig vorsichtig, denn ich glaube nicht, daß ich die Schmerzen verwandeln kann. Das ist ein Wandlungsprozeß, an dem ich wohl auch aktiv *beteiligt* bin, aber ich würde nicht sagen, daß ich selbst meine Schmerzen verwandeln kann. Aber eine prinzipielle Wandlungskraft gehört für mich grundsätzlich zum Gesundheitsprozeß dazu.

Bei mir war eine Frau mit einem zwanghaften Wunsch nach Kindern. Während der psychoanalytischen Arbeit hat sich dieser zwanghafte Kinderwunsch aufgelöst, und die Frau hat ihn auf eine ihr gemäße Weise verwandelt. Während der psychotherapeutischen Arbeit stellte sie zu Hause eine ganz große wunderschöne Patchworkdecke her. Ihr innerer Verwandlungsprozeß drückte sich sozusagen in dieser kreativen Arbeit aus.

C.P.: Kann man das verallgemeinern, daß bei einer Wandlung in jedem Fall ein schöpferischer Prozeß entsteht?

P. Petersen: Ja, eine Wandlung ist in jedem Fall etwas Schöpferisches. Das muß nun nicht immer so sichtbar sein, es kann sich auch durch einen neuen Umgang mit anderen Menschen ausdrücken, also im Sozialen.

Geburtsimpuls mit passendem Hindernis

C.P.: In der Anthroposophie, bzw. in der Biographiearbeit, geht man davon aus, daß der Mensch mit einem Geburtsimpuls zur Welt kommt. Er hat sich sozusagen vorgenommen, auf dieser Erde etwas Bestimmtes zu verwirklichen, zu lernen und sich damit auseinanderzusetzen. Es sind meist mehrere Impulse. Ich habe oft den Eindruck, daß sich die Menschen entsprechend zu ihrem Geburtsimpuls gleich ein passendes Hindernis dafür mitbringen. Beispielsweise kann es so sein, daß jemand den Geburtsimpuls hat, im Sozialen zu wirken. Er ist ständig mit Menschen und Gruppen zusammen, und man merkt, daß das auch seine Aufgabe ist. Andererseits hat er gerade für soziale Prozesse sehr wenig Wahrnehmungen und Fähigkeiten, stößt also immer wieder an. Man kann also den Eindruck haben, daß sich dieser Mensch mit sozialen Fragen auseinandersetzen soll, dafür aber diese Hindernisse braucht. Könnten Sie das von Ihrer Arbeit her auch bestätigen, daß ein Mensch sozusagen seinen Geburtsimpuls mit dem dafür passenden Widerstand in dieses Leben hineinbringt?

P. Petersen: Ich finde diesen Gedanken, daß man seinen Geburtsimpuls und den dazugehörigen Widerstand mitbringt, sehr interessant. Wenn ich aber mit meinen nun fast sechzig Jahren mein Leben betrachte, habe ich vielleicht eine leise Ahnung, was ich mir selbst an Geburtsimpulsen mitgebracht habe. Ich finde es sehr schwer, dies festzustellen. Nun bin ich Psychoanalytiker, und es ist meine Aufgabe, die Innenschau zu ermöglichen. Ich habe es also gelernt, sowohl bei anderen als auch bei mir selbst, darauf hinzuschauen, welche Innenbilder man von sich hat. Was sind die intrapsychischen Bilder, wie sind sie gestaltet und was machen sie mit mir? Die innerste Welt des Menschen – das ist die Domäne der Tiefenpsychologie, und in zweiter Linie sind es die sozialen Beziehungen. Natürlich gehört da auch die Biographie dazu. Am Anfang jeder Psychotherapie bespreche ich mit dem Patienten seine Biographie, würde mir aber nicht zutrauen, von außen her seinen Geburtsimpuls zu sehen. Vielleicht kommen wir nach ein paar Jahren Arbeit dazu, den vorsichtig zu formulieren. Dann könnte man vielleicht ahnen, mit welchen Geburtsimpulsen ein Mensch gekommen und mit welchen passenden Widerständen er begabt ist. Wenn man jemand genauer anschaut, kann man das wohl schon so verdichten.

Sie haben das Wort „Widerstand" benutzt, und das ist für meine Arbeit ein wichtiger Bestandteil: die Auseinandersetzung mit den inneren oder äußeren, d.h. sozialen, Abwehrmechanismen. Ein wichtiger Schwerpunkt der Arbeit ist es, sich damit auseinanderzusetzen, sie kennenzulernen und sie zu fühlen und dann durch langjährige Arbeit zu erreichen, daß sie ein anderes Gewicht bekommen. Daß die Widerstände völlig verschwinden, ist selten. Es sind mehr oder weniger gefrorene Strukturen, die sich im Laufe des Lebens gebildet haben und die ja auch Schutz bieten. Sie bieten Schutz vor zu heftigen eigenen Schmerzen wie auch vor Verletzungen von außen. Und dafür braucht man sie auch. Man kann aber durch Arbeit an sich selbst etwas beweglicher werden und diese Widerstände besser handhaben. Es wäre aber sinnlos, sie ganz und völlig aufzugeben. Als Beispiel kann ich die besagte Frau mit der Patchworkdecke nennen: In schwierigen Situationen verfällt sie sehr schnell in alle möglichen Aktivitäten, und dadurch schützt sie sich vor intensiverem Erleben. Auf der anderen Seite sind ihre Aktivitäten aber auch im Sozialen sinnvoll.

Widerstände darf man nicht brechen

C.P.: Es hat auch keinen Sinn, *gegen* etwas zu arbeiten. Man kann sich als Choleriker nicht vornehmen, auf einmal ganz gemütlich zu werden und die Welt beschaulich zu betrachten. Man muß also mit seinen Eigenschaften und auch Widerständen arbeiten und nicht gegen sie. Es wäre im Sinne des abstrakten Krankheitsbildes, wenn man bestimmte Eigenschaften einfach abschaffen wollte. Die Frage ist aber: Wie lange sind bestimmte Eigenschaften sinnvoll, und wann kippen sie ins Zerstörerische um?

P. Petersen: Ja, ein Eliminieren jeder Eigenschaft würde in Richtung des abstrakten Krankheitsbegriffes gehen. Ich möchte dafür einmal ein Beispiel geben: Ein Patient von mir war vier Jahre in einer Gruppentherapie. Er hatte schwere Verhaltenszwänge. Er war zwanghaft penibel und hatte auch einen Beruf, in dem er das entsprechend anwenden konnte. Er konnte durch die Gruppentherapie sein Verhalten ein Stückweit ändern und kam dann zu Hause auch mit seiner Familie und anderen Menschen besser zurecht. Einige Zeit später ging er in eine Klinik, in der Schreitherapie nach Casriel praktiziert wurde. Er nahm da an Marathonsitzungen teil, die bis zu 24 Stunden gingen, zum Teil haben sich die Patienten auch nackt ausgezogen – wobei Sexualität verboten war –, und man durfte auch nicht rauchen oder sich sonstige Ablenkungen gestatten. In dieser Gruppensitzung sind seine zwanghaften Widerstände, also auch seine Schutzmechanismen völlig weggerissen worden. Danach kam er nach Hause und war seelisch völlig nackt und schutzlos. Und was hat er gemacht? Er setzte sich in sein Auto, schloß die Garagentür zu, ließ den Motor laufen und hat sich vergiftet.

Wenn man jemandem so massiv die Schutzmechanismen und Widerstände wegreißt, ist er nicht mehr lebensfähig. Er hält es dann nicht mehr aus. Das ist ein Beispiel dafür, daß jemand seine Widerstände als Lebenshilfe braucht. Sie sind dann wie ein Korsett, und ein Korsett hat eben eine Funktion, wie zum Beispiel auch Krücken eine Aufgabe haben. So ist auch die erste Therapieregel für den Psychoanalytiker, daß man die Widerstände nicht brechen soll, sondern an der Abwehr entlang arbeiten soll. Man muß sich entlangtasten, wo jemand schreckhaft oder sensibel reagiert. Dabei darf man keine Gewalt anwenden, sondern muß ganz behutsam reagieren.

Humor gehört zur Therapie

C.P.: Könnte es nicht Sinn einer Therapie sein, daß man die Widerstände einerseits behält, sie andererseits aber an einer Stelle einsetzt, wo sie sinnvoller und angemessener sind? Sicherlich geht ein Zwangsneurotiker seiner Familie auf die Nerven, wenn er aber vielleicht Buchhalter ist und in seinem Betrieb die Aufgabe hat, alles penibel in Ordnung zu halten, ist dort seine Gründlichkeit durchaus angemessen. Das heißt, wenn ein Mensch seine Zwangsneurose auf eine sinnvolle Weise einsetzen kann, läßt er sie vielleicht aus Bereichen, wo sie andere stört, heraus. Kann man das so sehen?

P. Petersen: Vielleicht hat dieser betreffende Mensch zu Hause dann auch noch eine Ordnungsfunktion, und die anderen Familienmitglieder ertragen seine Pingeligkeit, dann kann das ja ganz gut gehen. Wenn er Glück hat, kann er mit den anderen zusammen über seine übertriebene Ordnungsliebe etwas lächeln, und dann ist es ja auch geschafft. Humor ist etwas ganz Wichtiges – auch in der Therapie. Wenn ein Patient überhaupt keinen Humor hat, ist es ganz schwierig, daß sich bei ihm etwas wandelt. Das schreiben auch fast alle Psychotherapeuten, egal aus welcher Richtung oder Schule sie kommen. Humor heißt ja, daß der Mensch über sich selbst lächeln kann, und wenn das fehlt, dann ist es mit der Therapie sehr schwierig.

C.P.: Gehört Humor also zum Handwerkszeug eines Therapeuten?

P. Petersen: Ja, genau das denke ich. Man muß ja nicht laut lachen, aber das Lächeln hilft einem, über sich selbst zu stehen. Ich habe schon beobachtet, daß, wenn jemand gar keinen Humor hat, er in meinen Therapien kalte Füße oder kalte Hände bekommt. Oder auch umgekehrt: Wenn jemand über sich lächeln kann, dann bekommt er während der Sitzung warme Füße. Das höre ich oft.

Aufstieg
Paul Klee, 1925

Überhaupt lege ich Wert darauf, daß es den Menschen in der Therapie warm ist. Manche decken sich dann hier auch mit dieser Decke zu. Neulich hatte ich eine Klientin, die lag 20 Minuten lang unter der Decke und wollte sich von mir auch gar nicht irgendwie berühren lassen. Es war für sie ein unglaublich wichtiges Erlebnis, daß man sie einfach mal in Ruhe läßt. Sie wollte da einfach liegenbleiben und nicht berührt oder aufgerüttelt werden, sondern einfach nur ihre Ruhe haben. Es war für sie eine wichtige Erfahrung, in Gegenwart ihres Therapeuten einfach nur 20 Minuten lang unter der Decke liegen zu dürfen.

Die alte Psychoanalyse würde so etwas als unzulässige Regression, d.h. als Rückgang in frühere Stufen der Entwicklung bezeichnen. Der ungarische Psychoanalytiker Michael Balint hat dagegen mehr den Begriff der produktiven und schöpferischen Regression entwickelt. Es kommt dabei darauf an, daß man das Kind in sich erlebt, d.h. zu den Ursprüngen des Menschseins zurückkehrt. In diesem Sinne können Therapien dann auch fruchtbar sein. Mir fällt dabei immer der Satz aus der Bibel ein: „Werdet wie die Kinder, denn ihrer ist das Himmelreich."

C.P.: Das heißt ja, daß man sich Möglichkeiten sucht, alle Seelenteile, die man hat, noch einmal lebendig werden zu lassen. Ich könnte mir vorstellen, daß Ihre Patientin in ihrem Leben für solche Seelenteile keinen Platz hatte, und dann ist sie froh, wenn sie das hier bei Ihnen nur einfach einmal erfahren darf. Das heißt ja nicht, daß sie nicht anschließend, also nach der Sitzung, wieder erwachsen wird.

P. Petersen: Ja, meistens können die Menschen sich in ihrem eigenen Alltag solche Situationen nicht schaffen. Für viele ist es wichtig, überhaupt erst einmal zu erfahren, was in ihnen leben könnte. Es gibt heute immer mehr seelische Defekte, so daß die Menschen, bedingt durch ihre Kindheit und Jugend, echte Mangelerlebnisse haben. Das sind dann wirkliche Defizite, die man in einem späteren Lebensalter nicht so ohne weiteres nachholen kann. Balint nannte das „Basic Faults", was „grundsätzlicher Mangel" heißt. Diese Mängel sind durch die fehlende Zuwendung des Vaters oder der Mutter in der frühen Kindheit verursacht worden und lassen sich eigentlich nicht mehr aufholen. Man kann das immer überspielen, überbrücken oder überspringen, aber das eigentliche Urvertrauen fehlt dann. Es ist dieses Urvertrauen, daß man trotz aller schlechter Erfahrungen immer wieder aufgefangen wird. Ich bezweifle, ob solche Mängel im späteren Leben durch Therapien oder Begegnungen wirklich wieder aufgehoben werden können.

Defizite aus der Kindheit

C.P.: Damit hat man es in der Biographiearbeit auch zu tun. Mitunter kann man sogar sagen, aus welchem Jahrsiebt welcher Mangel kommt, wie er sich dann auf die menschlichen Wesensglieder ausgewirkt hat und wie sich das dann beim Erwachsenen zeigt. Diese Mängel können sogar bis zu medizinischen Krankheitsbildern gehen. Wie gehen Sie in Ihrer Arbeit mit solchen Defiziten um?

P. Petersen: Eine Brücke dafür ist sicherlich der therapeutische Rahmen. Die Patienten wissen einfach, daß in einem bestimmten Zeitraum der Therapeut für sie völlig zuverlässig und aufmerksam da ist. Es kann passieren, was immer auch will, der Therapeut wird mich in dieser Zeit nicht fallenlassen – das weiß der Patient. Als Therapeut hat man da natürlich eine ungeheure Verantwortung.

Ich möchte dazu einmal ein Beispiel erzählen. Ich habe einmal mit einer hochintelligenten Frau gearbeitet, und sie war mitten in einem schwierigen Prozeß, als draußen am Fenster Handwerker zu arbeiten anfingen. Das hatte mich sehr irritiert. Die Frau war innerlich an einer hochsensiblen Stelle, und ich war vielleicht für fünf oder zehn Sekunden abgelenkt. Ich konnte sie in diesem Moment nicht auffangen, und so stürzte sie regelrecht ab. Sie war dann völlig durcheinander, ich infolgedessen auch, und wir verabschiedeten uns in einer komischen Stimmung. Sie rief mich dann zwei Stunden später an und sagte, daß sie mit der Therapie aufhöre. So etwas hatte ich natürlich noch nie erlebt und war erst einmal wie vom Donner gerührt. Ich erwiderte ihr, daß, wenn sie aufhören wolle, sie doch noch wenigstens zu einer letzten Sitzung kommen sollte. Zum Glück ging dann die Arbeit doch wieder weiter, und viel später konnte sie mir überhaupt erst erzählen, welche Katastrophe diese fünf oder zehn Sekunden damals für sie ausgelöst hatten. Das kam einfach daher, daß ich mit meiner Aufmerksamkeit nicht bei ihr war.

C.P.: Hat Ihre Klientin das bewußt oder unbewußt bemerkt?

P. Petersen: Sie hat schon bewußt bemerkt, daß ich ihr in dem Augenblick nicht folgen konnte. Es war ein entscheidender Moment, den sie da aus ihrer Biographie berichtete, und ich war nicht anwesend, deshalb stürzte sie innerlich ab.

Es ist also ganz wichtig, daß ich mit innerer Anwesenheit und ständiger Präsenz da bin. Manchmal gähne ich während der Therapie, aber das ist kein Zeichen von Langeweile, sondern von Entspannung. Die Patienten, die länger bei mir sind, wissen das auch. Wenn das anfangs jemand mit mangelnder Aufmerksamkeit gleichsetzt, erkläre ich das, und die Patienten können das dann auch richtig sehen.

Ein weiteres bedeutsames Element bei der Therapie ist, daß man ganz klare und deutliche Erklärungen von sich selber gibt. Was ist mit mir? In welcher Verfassung befinde ich mich gegenüber meinen Klienten? Die Patienten brauchen ein klares Bild, an dem sie sich orientieren können. Ich glaube, daß es auch die Beziehung ist, die den Patienten trägt. Beziehung ist in diesem Falle aber etwas anderes als Begegnung. Ich denke, daß

Trilogie der Wandlung
Andrias (Andreas Frister)
1991, Bronze, Höhe 45 cm (Abb. 1)

Trilogie der Wandlung
Andrias (Andreas Frister)
1991, Bronze, Höhe 45 cm (Abb. 2)

(Abbildung 3
der Trilogie
auf Seite 127)

einmal der äußere Rahmen, also die Aufmerksamkeit, und auch die Beziehung, die zwischen mir und meinem Patienten besteht, diesen trägt. Darin liegt dann auch die Chance, den Grundmangel auszugleichen. Das sind die Grundlagen, abgesehen von den vielen Techniken, die man hat. Die Psychoanalyse hat die Technik der Deutung, die Heileurythmisten arbeiten mit dem Körper, so hat jeder seine „Instrumente", mit denen er therapiert.

C.P.: Meinen Sie, daß man mit diesen speziellen Techniken dann auch ganz spezielle Defizite ausgleichen kann?

P. Petersen: Vielleicht, ich bin da noch nicht so sicher, ob das wirklich so ist. Das ist die große Hoffnung der Forschung, daß man sich bemüht, herauszufinden, ob man mit bestimmten Techniken bestimmte Defizite ausgleichen kann. Früher dachte ich auch einmal, daß man einfach Diagnostik machen und dann ein therapeutisches Mittel einsetzen muß. Davon bin ich aber jetzt weggekommen. Ich frage mich eher, was die Patienten mitbringen, zum Beispiel was sie an Talenten haben. Wenn jemand mehr auf Musik, Malerei oder auf Worte anspricht, versucht man natürlich erst einmal dieses als Brücke zu benutzen und nicht das, was er überhaupt nicht kann. Es gibt natürlich auch den Ansatz, daß, wenn sich jemand zum Beispiel gar nicht bewegen kann, man ihm Bewegungstherapie verschreibt, zum Beispiel Eurythmie. Man muß dann aber wirklich aufpassen, ob das bei dem Menschen auch ankommt.

Bei den Stärken des Menschen beginnen

C.P.: Fangen Sie also ganz bewußt mit dem an, wo der Patient seine Stärken hat?

P. Petersen: Zumindest sind das dann für mich Brückenköpfe. Da kann ich den Patienten abholen.

C.P.: Das ist ein interessanter Aspekt. Viele Therapeuten fangen ja mit den Defiziten des Patienten an zu arbeiten. Aber ich frage mich, woher dann ein Mensch die ausgleichende Kraft nehmen soll, seine Defizite zum einen auszuhalten, und woher er zum anderen die Stärke zu einer Wandlung erhält.

P. Petersen: Ich selbst war einmal – bedingt durch eine eigene Lebenskrise – als Patient in einer Klinik und konnte mich von daher zu meinem eigenen Studienobjekt machen. Da merkte ich dann, welche Therapien ankommen und welche nicht. Bestimmte Dinge, wie zum Beispiel Sprachgestaltung, Singen und Plastizieren, hatten eine sofortige Wirkung, während auf der anderen Seite Eurythmie – obwohl das eine ausgezeichnete Eurythmistin war – gar keinen Erfolg hatte.

C.P.: Können Sie sagen, warum diese bestimmten Therapien ausgerechnet in der speziellen Situation gewirkt haben?

P. Petersen: Nein, das kann ich nicht. Ich kann sagen, daß sie gewirkt haben und wie sie gewirkt haben, aber die Frage nach dem Warum ist sehr schwer zu beantworten. Die Warum-Frage geht ganz weit in die Vergangenheit zurück und sucht nach den Gründen. Und ich finde, daß die Frage nach den Gründen sehr viel schwieriger zu beantworten ist als die Frage nach dem Wie.

Zukunft oder Vergangenheit?

C.P.: Man kann das ja auch von der Zukunft her ansehen. Haben Sie denn Dinge gelernt, die Sie für die Zukunft gebrauchen konnten? Man kann Krankheit auch so betrachten, daß man etwas für die Zukunft lernt.

P. Petersen: Ja, das stimmt, und so war es auch für mich. Das ist eine interessante Frage: Kann ich etwas für die Zukunft gebrauchen? Da müßte ich noch einmal näher bei mir nachschauen. Aber so etwas kann man ja von vornherein nicht wissen.

C.P.: Meinen Sie wirklich, daß man den Zukunftsaspekt vorher nicht mit einbeziehen kann?

P. Petersen: Das kann man vielleicht als Außenstehender. Aber ich müßte viel von den Leuten wissen, daß ich das dann vielleicht ahnen könnte. Ich finde, das ist schwierig zu sehen. Ich selbst kenne Augenblicke, in denen ich weiß, daß ich jetzt an einer Sache dranbleiben muß, obwohl ich die Gründe nicht kenne. Ich mache das dann ein paar Jahre und weiß erst hinterher, warum es sinnvoll war. Wenn man aber in Not ist und in einer Krise steckt, ist es viel verlangt zu wissen, wo man hin möchte. Als Außenstehender kann man das schon eher einschätzen, aber ich würde sagen, daß das nur eine Art Tasten ist. Ich arbeite gerne mit anderen Therapeuten zusammen, und wir fragen uns immer, für welchen Patienten welches Mittel und die entsprechende Therapie angebracht sind. Aber dieser Aspekt der Zukunft wäre für mich mehr eine Forschungsaufgabe.

C.P.: Eine Grundlage der Biographiearbeit ist, daß man den Menschen von der Zukunft her sieht. Das bedeutet nicht, daß man irgendwelche Prophezeiungen wüßte oder die Zukunft richtig einschätzen könnte, aber man bemüht sich immer zu verstehen, wohin sich dieser Mensch entwikkeln möchte. Man kann an dem, was bei einem Menschen in der Gegenwart passiert, erkennen, wohin er will bzw. welcher Entwicklungsimpuls in der Situation liegt. Die Schmerzen und das ganze Leiden sind ja dazu da, daß etwas Neues entstehen soll.

P. Petersen: So gesehen ist das richtig. Aber die therapeutischen Mittel ergeben sich nicht aus dieser Perspektive.

C.P.: Oft ist die Voraussetzung, daß ein Mensch an sich und an das Leben Fragen stellt, daß er leidet oder Schmerzen hat. Was ist der Unterschied zwischen Schmerz und Leid?

Schmerz und Leid

P. Petersen: Bei Schmerz und Leid handelt es sich um verschiedene Erlebnisebenen. Das, womit Patienten häufig als erstes kommen, sind Symptome. Sie nennen das selbst sogar so, bezeichnen ihre Symptome mitunter mit klassischen Begriffen und haben sich dadurch auch selbst schon eingeordnet. Wenn die Anfangssituation etwas aufgelockert ist, kommt man dann oft an die eigentlichen Schmerzen erst heran. Ich denke zum Beispiel an eine Patientin, die mit schrecklichen Unterleibsschmerzen zu mir kam. Sie wurde von einer Frauenärztin aus der Frauenklinik geschickt, und die Ärztin hatte verstanden, daß eine Bauchspiegelung ein sehr großer Aufwand sein würde, der im Endeffekt nichts nützen würde, weil organisch gar nichts vorlag. Die Patientin kam also, hatte ihre heftigen Schmerzen, außerdem einen Druck auf die Blase, so daß sie ständig zur Toilette mußte, und hat unter all diesen Symptomen sehr gelitten. Wegen dieser äußeren Symptome kam sie also in die Therapie.

In den ersten Sitzungen bemühten wir uns, einen Kontakt zueinander zu finden, und die Schmerzen waren gar nicht das Thema. Dann war die Frage, ob mir das Kunststück gelingen würde, mit ihr zusammen die Punkte zu finden, die im seelischen Bereich schmerzhaft, aber zunächst einmal verdeckt waren. Da sie ein sensibler und gesprächsfähiger Mensch war, konnten wir miteinander arbeiten. Nach vier Jahren, d.h. in der letzten Zeit, war die Arbeit dann abgeschlossen. Im letzten Jahr der Therapie kam sie dann an den Punkt, wo sie ihr eigentliches Leiden entdeckte: Sie erzählte von ihrer Totgeburt, die vor zwanzig Jahren war und von der sie am Anfang der Therapie überhaupt nicht berichtet hatte. Sie hatte eigentlich niemals realisiert, wie tief sie diese Totgeburt geschmerzt hatte – sie hat auch später nie mehr ein Kind bekommen. Außerdem tauchte das Thema Tod immer wieder in ihrem Leben auf, seien es die Eltern, der Schwiegervater oder in letzter Zeit auch der Bruder, die gestorben waren, und es war spürbar, daß sie immer wieder mit dem Tod zu tun hatte. Erst nach drei Jahren unserer Arbeit war sie so weit, daß sie die Schmerzen, die sie beim Tod ihrer Tochter erlebt hatte, überhaupt zulassen konnte.

Als ihr bewußt geworden war, daß sie ihre Schmerzen sozusagen abgekapselt und weggeschoben hatte, konnte sie wieder neue Teile ihrer Lebendigkeit entdecken und die Schmerzen verwandelten sich in Leiden. Sie konnte sich dann auch mit anderen Frauen, die ebenfalls eine Totgeburt hatten, darüber austauschen, und dadurch vollzog sich in ihr eine innere Wandlung. Ihre Anfangssymptome, also die Unterleibsschmerzen und der Druck auf die Blase, waren ab einer bestimmten Zeit überhaupt kein Thema mehr – ich weiß auch gar nicht, wann diese Schmerzen dann verschwunden waren. Sie hat jedenfalls gar nicht mehr darüber gesprochen. Interessehalber hatte ich sie später noch einmal nach ihren Be-

Trilogie der Wandlung
Andrias (Andreas Frister)
1991, Bronze, Höhe 45 cm (Abb. 3)

(Abbildungen 1 und 2
der Trilogie auf den
Seiten 122 und 123)

schwerden gefragt, die waren ihr aber gar nicht mehr wichtig, sondern sie betrachtete sie mehr als eine Art Funktionsstörung, mit der sie gut umgehen konnte – in etwa so, wie wenn man nicht besonders gut englisch sprechen kann. Sie konnte also gut damit leben.

C.P.: Schmerzen erlebt man also zunächst an ganz konkreten Symptomen. Wenn man dann durch diese Schmerzen hindurchgeht, lösen sie sich auf, verwandeln sich, und man kommt an ein Urerleben des Leidens. Kann man das so sehen?

P. Petersen: Man kommt zu einem mehr allgemeinen Leiden, das ganz menschheitlich ist. Es ist also kein vereinzelter Schmerz mehr, den ich alleine und isoliert in meiner Kammer erlebe. Entscheidend ist, daß ich weiß, ich bin mit dem Leiden in einen größeren Rahmen – vielleicht sogar in die Menschheit überhaupt – eingebettet.

C.P.: Das ist ein Aspekt, und ein anderer möglicher ist der, daß die Situationen, an denen man zu leiden meint, an sich gar nicht schmerzverursachend sind. Zum Beispiel gibt es Menschen, die daran leiden, daß sie angeblich von gar niemand gemocht werden. In der Biographiearbeit würde man dann bestimmte Übungen machen, die in die Richtung gehen, daß dieser betreffende Mensch für andere überhaupt erst einmal Offenheit und Interesse entwickelt und das dann wiederum in sein Verhalten einfließen läßt. Es zeigt sich nach einer Weile, daß es gar nicht wahr war, daß er von niemandem gemocht wird. Er hat lediglich durch sein eigenes Verhalten Beziehungen und Sympathie nicht zugelassen. Daran zeigt sich, daß das, woran man Schmerzen zu haben meint, eigentlich nur eine Projektion ist. Was heißt es dann für Sie, daß Sie einem Menschen auf seinem Weg vom Schmerz zum Leiden dienen? Was sind die Prozesse, die Sie selbst, ohne dabei darüber zu reden, durchmachen?

„Ich selbst muß Wandlung erlebt haben“

P. Petersen: Ich kann einen Menschen nur begleiten und damit auch dienen, wenn ich selbst diese Schmerzen in und an mir erlebt habe. Ich selbst muß Wandlung erlebt und die Erfahrung gemacht haben, daß, wenn ich die Menschen anders anschaue, sie mir auch anders entgegenkommen, d.h. daß alte Projektionen und Übertragungen zusammenbrechen. Wenn ich das selbst niemals vollzogen habe, und zwar wirklich und echt, werde ich nie ein guter Diener sein für andere, denen ich dabei helfen will, vom Schmerz zum Leid zu kommen. Der tiefere Prozeß, der sich da abspielt, wäre mir völlig fremd. Wie könnte ich dann innerlich mit einem anderen Menschen mitgehen?

Natürlich sollte ich das ganze nicht so miterleben, daß ich mich völlig damit identifiziere. Wenn jemand von der Brücke springt, sollte ich nicht hinterher springen, sondern ihn auffangen können, sonst wäre ich ein schlechter Diener. Aber ich muß wissen, wie sich das anfühlt und wie es einem dabei geht, wenn man von der Brücke springen will. Das sind meiner Meinung nach wichtige Voraussetzungen.

Das kann man als Therapeut nun auf verschiedene Weisen erlebt haben. Der begabte Therapeut bringt das sowieso mit sich. In den diversen Therapieschulen geht man davon aus, daß die Menschen das nicht unbedingt können und veranstaltet deswegen komplizierte Ausbildungsgänge. In der Psychoanalyse ist das die Lehranalyse, in der man einen komplizierten und langwierigen Prozeß durchläuft. Ob der immer so erforderlich ist, möchte ich einmal offen lassen. Das Entscheidende ist – finde ich –, daß jemand während seiner Ausbildungszeit geschult wird, mit sich selbst methodisch, d.h. innerhalb eines bestimmten Rahmens, umzugehen. Da gibt es bestimmte Regeln und Begriffe, und man weiß auch, daß man bestimmte Erfahrungen und Erlebnisse machen kann.

In der Ausbildung lernt man, die schlimmsten Fehler zu vermeiden

Was man in einer Ausbildung lernen kann, ist, daß man die schlimmsten Fehler vermeidet. Ich glaube nicht, daß man lernen kann, jemanden auf den Weg zu bringen. Es gibt zwar sehr viele Kniffe, die man in bestimmten Situationen anwenden kann, aber ob die immer wirken, ist ungewiß. Wenn heute vielleicht eine bestimmte Methode bei jemandem gewirkt hat, tut sie das am nächsten Tag bei einem anderen nicht. Davon kann man schon einmal ausgehen. Wenn man keine Intuitionen hat, was man mit jemandem in einem bestimmten Moment machen soll, dann sollte man lieber die Finger vom Therapieren lassen.

Ich will damit nichts gegen Ausbildungen sagen. Ich selbst habe vierzehn Jahre lang, mit Unterbrechungen, verschiedene Schulungen gemacht. Was ich dabei hauptsächlich gelernt habe, ist, die schlimmsten Fehler zu erkennen und sie dann nicht zu tun; oder mindestens, wenn ich einen solchen Fehler gemacht habe, das dann zu erkennen, um ihn hinterher wieder auszugleichen. Aber eine wirklich produktive Entwicklung fördern und gestalten – das ist noch einmal eine ganz andere Sache. Die Methode ist sozusagen ein Rahmen oder auch ein Leitseil, an dem ich mit jemandem entlanggehe, und es ist ein Geschenk, wenn wir dann am Ende ankommen. Ich weiß, daß ich damit einen extremen Standpunkt beziehe, denn viele Schulen bezeichnen ihre Methoden ja als Heilmittel: Die Psychoanalytiker würden sagen, daß die richtige Handhabung der Übertragung eine bedeutsame Methode ist, mancher Anthroposoph würde vielleicht sagen, daß bestimmte Musiktöne ein therapeutisches Mittel ersten Ranges seien.

C.P.: So wie Sie jetzt das Wesentliche der Therapie dargestellt haben, also nicht unbedingt die Anwendung bestimmter Methoden, setzen Sie voraus, daß man im Leiden einen Sinn sieht. Leiden wäre für den Therapeuten dann aber nicht nur ein abstrakter Begriff, sondern er müßte sich ganz existentiell damit verbunden haben.

P. Petersen: Ja, es machen mir ja auch manche zum Vorwurf, daß ich das Leiden zur Philosophie erheben würde. Ich glaube, daß die Akzeptanz des eigenen Leidens und auch, daß man dafür die Verantwortung übernimmt, die Voraussetzung dafür sind, daß es einen ersten Schritt vorangeht. Wenn man das geleistet hat, sei es als Therapeut oder als Klient, kann etwas Neues entstehen. Das ist dann die Grundlage für ganz spontane neue Entwicklungen, manchmal geht es mit einem großen Sprung nach vorne. Es kann sich neues Leben entwickeln, das es dann gilt, zuzulassen. Das kann dann einen inneren oder äußeren Ausdruck haben. Bei der besagten Patientin war es zum Beispiel diese Patchworkdecke. Das Herstellen dieser Decke geschah mit einer kontemplativen Haltung. Die Patientin hatte sich aus ihrem sonst hektischen Leben zurückgezogen, versammelte ihre Kinder um sich und arbeitete an dieser Decke. Für diese Frau war das dann ein Stück neuen Lebens. Jedenfalls war das so für den Moment, ein paar Jahre später wird das dann wieder anders aussehen.

Das Neue kann im schlimmsten Chaos entstehen

C.P.: Wie entsteht das Neue in der Therapie? Was tun oder auch was lassen Sie dafür?

P. Petersen: Das Neue kann ganz schnell entstehen. Es kann sogar schon in der ersten Stunde ahnbar sein. Es hat eine eigenartige Qualität. Das, was ich dafür tue, ist eigentlich nur, daß ich eine gewisse Empfindung dafür habe, daß es das überhaupt gibt. Meistens ist es etwas Ausgefallenes, was gar nicht zu dem Patienten paßt. Es erscheint in einer Lücke, auf die man meistens erst gar nicht achtet. Andererseits liegt das Neue auch wiederum ganz nahe. Wenn man dann einmal eine neue Sichtweise oder die neuen Zusammenhänge erkannt hat, fragt man sich, warum man denn nicht gleich darauf gekommen ist. Mein Anteil als Therapeut ist dabei, daß ich es wahrnehmen, eine Empfindung dafür haben muß, und was ich dann tun muß, ist, diese Empfindung qualitativ zu beschreiben, obwohl ich gar nicht weiß, um was es sich dabei handelt. Hinderlich sind bei diesem Prozeß in jedem Fall meine eigenen Intentionen und persönlich gefärbten Aktivitäten. Wenn ich als Therapeut feste Vorstellungen davon habe, was passieren sollte, ist das der beste Weg, alles Neue kaputtzumachen. Statt dessen brauche ich eine große Aufmerksamkeit und sehr viel Offenheit für das, was kommen will.

Ich erinnere mich an eine Kollegin, die ein siebenjähriges Mädchen zur Behandlung hatte. Dieses Mädchen war wahnsinnig destruktiv, zum Beispiel warf es mit Buntstiften um sich und verkritzelte die Wände. Meine Kollegin hielt es davon ab. Daraufhin malte das Mädchen Bilder, zerriß diese aber wieder in kleine Schnipsel. Nach einer Weile beobachtete meine Kollegin, wie das Mädchen diese Papierschnipsel in einer bestimmten Ordnung aneinanderreihte. Dabei hatte das Mädchen eine behutsame und andächtige Geste. Die Therapeutin wußte, daß sie da ansetzen mußte, regte das Mädchen weiterhin an, diese Schnipsel auf andere Weisen aneinanderzureihen. Dadurch entstand ein schöpferisches Spielen und ein Gespräch mit dem Mädchen, das für die weitere Therapie fruchtbar wurde. Das ist ein Beispiel für eine Situation, wie man selbst im schlimmsten Chaos darauf achten kann, was an Neuem erscheint oder wie etwas zum Durchbruch kommen möchte.

C.P.: So wie Sie das schildern, bedeutet das, daß man sich als Therapeut völlig damit zurückhalten muß zu beurteilen, was für den anderen gut sei. Muß man einen gewissen Rahmen schaffen, der für den Klienten, auch für dessen Aggressivität, einen Schutz bietet?

P. Petersen: Ja, dieser Rahmen ist wichtig. Die Aggressivität bzw. Destruktivität muß sich allerdings bändigen lassen. In dieser Beziehung habe ich früher Fehler gemacht und war auf eine falsche Weise „selbstlos". Ich dachte, daß ich alles, was es an Aggressivität gibt, bei den Menschen herauskommen lassen müßte. Inzwischen ziehe ich da aber deutliche Grenzen, die bei meiner Selbstachtung und auch der Würde des Patienten beginnen. Wo diese Grenze dann liegt, ist eine Frage des individuellen Therapeuten.

Das Böse im Menschen

C.P.: Aber dennoch braucht es einen gewissen Rahmen, um das Böse, oder wie Sie es nennen: den „häßlichen Menschen", anzunehmen. Wo persönlich würden Sie die Grenzen dieses Rahmens für sich sehen?

P. Petersen: Die Grenze liegt da, wo die Selbstachtung vernichtet wird. Das ist zum Beispiel dann der Fall, wenn jemand anfängt, mich systematisch zur Sau zu machen, und da, wo mir Dinge heilig sind – und er vor allem weiß, daß sie mir heilig sind –, mit Worten oder sogar tätlich anzugreifen. Da sind ganz eindeutige Grenzen.

Das habe ich aber auch erst bitter lernen müssen. Früher habe ich eindeutige Fehler in dieser Hinsicht gemacht. Wenn man zum Beispiel Übertragungen oder Projektionen einfach nur wachsen läßt, nehmen sie überhand und machen die ganze Therapie kaputt. Wenn sich ein Patient zum Beispiel über meine Bilder, die hier hängen, ärgert und sagt: „Dieser Scheißchristus ...", ist die Frage, ob er damit etwas anderes aus sich heraussetzen will oder ob das etwas Vernichtendes hat, d.h. daß er mich vernichten will. Das würde ich dann auch ganz deutlich zur Sprache bringen, denn wenn ein Patient mich vernichten will, vernichtet er damit ja auch sich selbst. So eine deutliche Grenzziehung hat aber auch auf die Patienten eine ganz positive Wirkung.

C.P.: Wenn ein Mensch wirklich seine Destruktivität auslebt, vernichtet er sich damit ja auch selbst.

P. Petersen: Ja, so ist es. Und ich möchte noch einmal betonen, daß Destruktivität in diesem Sinne etwas ganz anderes ist als Leiden. Das muß man ganz deutlich unterscheiden. Eine Zerstörungssucht ist in gewisser Hinsicht eine Todessucht. Das Böse hingegen ist ja mehr ein theologischer Begriff. Ich hatte bisher immer gedacht, das Böse sei ein verkapptes oder unentwickeltes Gutes. Allmählich glaube ich daran aber nicht mehr. Ich habe dazu viel zu viel Respekt bekommen vor der Zerstörungssucht, die in Menschen leben kann. Ich halte diese Zerstörungssucht für eine sehr gefährliche Macht, die teilweise zwar bewußtseinsfördernd wirken kann, aber nicht gerade zum Wohle der Menschheit, sondern für deren Tod da ist.

Wie erleben Männer seelische Schmerzen?

C.P.: Es ist ein bekanntes Phänomen, daß zu Psychotherapien, zur Biographiearbeit oder ähnlichem viel mehr Frauen als Männer kommen. Männer scheinen auf diese Weise ihre Probleme nicht lösen zu wollen. Dennoch kann ich mir nicht vorstellen, daß sie weniger Schmerzen und Leiden haben als Frauen. Wie erleben Männer seelische Schmerzen? Spielt sich das mehr auf einer beruflichen Ebene ab?

P. Petersen: Es ist eine Tatsache, daß nur 25 % aller Klienten, die in eine psychotherapeutische Praxis kommen, Männer sind. Auch bei den Eheberatungen sind es fast immer die Frauen, die zuerst kommen. Wenn es gutgeht, kommen die Männer hinterher. Das aber auch nur, wenn die Ehe wirklich schon sehr gefährdet ist und die Frau vielleicht ausziehen will. Dann wachen sie vielleicht manchmal auf und merken, wie sehr sie doch an ihren Frauen hängen. Dann kann eine therapeutische Arbeit erst wirklich losgehen und auch ganz fruchtbar sein.

In den psychotherapeutischen Kliniken sind auch meistens nur Frauen. In den psychosomatischen verhält sich das dagegen anders; Herz-Kreislauf-Störungen nehmen bei den Männern sehr zu. Daher könnte man antworten, daß sich Leiden und Schmerzen bei den Männern vielleicht mehr im Körper abspielen.

C.P.: Würden Sie nicht sagen, daß viele politischen Geschehen und Machenschaften, wie zum Beispiel Aufrüstung, Geldgeschäfte und diverse Verhandlungen, auch Ausdruck menschlicher Destruktivität sein können?

P. Petersen: Daß das destruktiv ist, ist offensichtlich. Das hat Erich Fromm in seinem Buch über die menschliche Destruktivität ja auch sehr gut dargestellt, wo überall in den Bereichen unserer Gesellschaft solche Zerstörungen wirken.

Therapeutische Tugenden in der Politik?

C.P.: Wie könnte man denn diese therapeutischen Qualitäten, von denen wir auch gesprochen haben, wie zum Beispiel Zuhören, Gewährenlassen, den anderen annehmen, das Neue entstehen lassen etc. in der Politik verwirklichen? Oder ist dieser Anspruch völlig falsch?

P. Petersen: Da kann ich nur sagen: Mutter Theresa hat eine große Wirkung. Jeder muß sehen, welche Wirkung er in welchem Bereich hat und wo er etwas ausrichten kann. Ich schaue, daß ich an dem Platz, an den ich hingestellt bin, meine Aufgabe möglichst gut mache. Natürlich gibt es auch immer wieder Situationen, in denen man unmittelbar neu entscheiden muß, was jetzt von einem gefordert ist. Wenn ich wirklich von dem, was ich tue, überzeugt bin und es für mich richtig ist, dann hat es auch eine breite und unter Umständen öffentliche Wirkung. Wenn ich bei meiner Arbeit von vornherein Erwartungen habe, was dabei herauskommen soll, geht sowieso alles schief. Dann bleibe ich mit meinen eigenen Erwartungen auf der Strecke.

Eine gute Arbeit hat ihren Sinn in sich

C.P.: Als Therapeut arbeitet man mit einzelnen Menschen in ihrem sehr persönlichen Bereich. Wo sehen Sie die Brücke von dieser sozusagen intimen Arbeit bis hin zu dem ganz großen Weltgeschehen?

P. Petersen: Man weiß doch gar nicht, was man unter Umständen mit seiner Arbeit alles bewirken kann. Wir wissen auch gar nicht, was der einzelne Klient damit macht. Ich hatte einmal eine Klientin, die vorher monatelang im Krankenhaus am Tropf hing, beatmet wurde, selbst aber nicht mehr leben wollte. Man hatte mich zu dieser Frau gerufen, ich selbst wußte aber nicht, was ich da eigentlich noch bewirken könnte. Dann dachte ich aber, daß – obwohl diese Frau demnächst sterben könnte – es darauf ankäme, daß sie noch irgend etwas selbst, aus eigener Aktivität heraus, tut, und sei es nur, daß sie jemand anderem die Hand drückt. Mit dieser inneren Haltung bin ich dann zu der Frau gegangen und habe darauf geschaut, was bei ihr noch an minimalsten Möglichkeiten vorhanden war. Zuerst bat ich dann das Personal darum, daß man ihr die Valiumgaben absetzte, damit sie überhaupt erst wieder zu Bewußtsein käme. Weiterhin bat ich dann die Krankengymnastin, ob sie nicht mit ihr noch einige Bewegungen machen könnte. Keiner, ich auch nicht, hat damit gerechnet, daß die Frau sich wieder beleben würde. Ich hatte dieses berühmte Bild von Luther in meinem Sinne: Und wenn ich wüßte, daß morgen die Welt untergeht, würde ich heute noch ein Apfelbäumchen pflanzen. Offenbar hat aber mein Impuls, nur einen kleinen nächsten Schritt zu tun, geholfen. Interessanterweise kam die Frau dann nämlich wieder auf die Beine.

Wenn man also als Therapeut im stillen Kämmerlein seine Arbeit macht, weiß man nie, was das im letzten bewirkt. Ich finde, daß eine gute Arbeit als solche ihren Sinn in sich hat. Auch wenn nachher vielleicht Panzer darüber rollen, so hat sie doch ihren Sinn und ihr Gutes gehabt. Ich frage mich vor jeder Stunde mit jedem Klienten, was mit meinen und seinen Mitteln der nächste Schritt sein kann. Das erlebe ich auch sehr stark bei Menschen, die Krebs haben. Man weiß genau, daß sie bald sterben werden, und es stellt sich natürlich die Frage, welchen Nutzen sie von der therapeutischen Arbeit noch haben. Aber sie haben sehr wohl etwas davon. Manchmal ist es, daß sie innerlich annehmen lernen, daß das Leben jetzt gehen darf.

Zu den verschiedenen Möglichkeiten der Biographiearbeit

Christine Pflug

„Achten Sie auf die Fragen, die Ihnen gestellt werden. In den Fragen spricht sich Ihr Schicksal aus. Achten Sie auch darauf, wie Ihnen die Fragen gestellt werden, denn daran erkennt man die Menschen."

(Rudolf Steiner zu Ludwig Polzer-Hoditz)

Es gibt diverse Möglichkeiten, an der (eigenen) Biographie zu arbeiten. In diesem Heft sind vor allem die Einzelarbeit, also das Gespräch mit einem Biographieberater, und die Gruppenarbeit betrachtet. Auch diese beiden Methoden können in sich wiederum verschieden gestaltet werden: Die Arbeit mit einem Berater kann lange Zeit dauern und in vielen Sitzungen stattfinden, es kann aber auch schon mit einer einzelnen Beratung ein gewisses Ziel erreicht werden. Selbstverständlich sind auch die Arbeitsweisen bei jedem Berater anders. Die Gruppenarbeit kann an einem Wochenende oder über mehrere Tage stattfinden, es können mehrere Seminare in beliebigen Abständen nacheinander aufgebaut werden, es kann sich dieselbe Gruppe regelmäßig über einen längeren Zeitraum, zum Beispiel einmal wöchentlich, treffen.

Selbstverständlich kann man auch rein erkenntnismäßig durch Vorträge oder Seminare an der Biographie oder an Karmafragen arbeiten. Genauso möglich ist es, daß man mit Hilfe bestimmter Methoden alleine seine Biographie betrachtet und auch übend damit umgeht. Entscheidend ist, daß mit dem Ich des Menschen, dem „Autor" der Biographie, gearbeitet wird. Es ist der Gestaltungswille, der von diesem innersten Wesenskern des Menschen ausgeht und der die Ereignisse eines Lebens formt, daß sich eine individuelle Signatur – der „rote Faden" – darin ablesen läßt. „Wohin will dieser Mensch in seinem Leben? Welche Wege zeigen ihm die äußeren Ereignisse auf?" – das sind die Fragestellungen, die der Biographiearbeit zugrunde liegen.

Gruppenarbeit

Ein Biographieworkshop, wie er am Centre for Social Development (siehe unter „Ausbildungen" in diesem Heft, Seiten 157 ff.) entwickelt wurde, findet meist drei bis vier Tage statt. Es gibt auch andere beliebige Seminarformen, die über mehrere Tage oder eine Woche gestaltet sind. Meistens wechselt die Arbeit an der eigenen Biographie mit Vorträgen und künstlerischen Aktivitäten ab. Man erlebt dadurch sowohl die eigene Biographie als auch die der anderen Teilnehmer und kann alles in allgemeinen Erkenntnissen und in der Kunst auf andere Weise ausgedrückt wiederfinden. Die Methoden, mit denen man die Biographie betrachtet, sind an sich schon ein Übungsweg: Man muß in einer beschränkten Zeit das Wesentliche darstellen; man muß zuhören, sich zurückstellen und Berichte anderer Menschen in sich aufnehmen; man soll auf bildhafte, urteilsfreie Weise die Szenen der Biographie darstellen und sie dann auf sich wirken lassen, bis sie von selbst ihre Botschaft offenbaren. Wer das alles ernsthaft versucht, wird an vielen Punkten stolpern: Wo beurteile ich mich und andere? Wo weiche ich immer wieder ab oder finde nicht das Wesentliche? Habe ich ernsthaftes Interesse an anderen Menschen? Halte ich es aus, das Geschilderte stehen zu lassen, ohne zu interpretieren, voreilig Zusammenhänge zu sehen oder Schlüsse zu ziehen? Gelingt es mir, meine Vergangenheit bildhaft zu betrachten, oder reihe ich nur Fakten aneinander oder gebe Bewertungen ab?

Man kann alleine daran, ob es einem gelingt, im beschriebenen Sinn die Methoden einzuhalten, bestimmte Eigenarten oder Schwächen von sich erkennen. Gleichzeitig ist das Bemühen, diese Methoden einzuhalten, ein Schutz für den einzelnen und die gesamte Gruppe, nicht in uferlose, emotionale Selbstbespiegelungen abzurutschen.

Durch die Begegnung mit anderen und auch durch die Vorträge sieht man seinen Lebenslauf einerseits in allgemeine Gesetzmäßigkeiten und andererseits in die Gegebenheiten der heutigen Zeit eingebettet. Für die meisten Teilnehmer ist es ein beeindruckendes Erlebnis, wie auch alle anderen mit ihrem Lebensweg zu ringen haben. Oft sind die Fragen und Anliegen ähnlich, und man kann schlicht und einfach erleben, daß es heute keiner leicht hat. Das kann helfen, das eigene Leben gelassener, humorvoller und auch aktiver in die Hand zu nehmen und die eigenen Schwierigkeiten zu relativieren.

In der Gruppenarbeit entsteht die Begegnung mit sich selbst im Sozialen. Man kann sich durch das Miterleben anderer Biographien und mit Hilfe der Übungen in einem anderen Blickwinkel sehen und eine neue Haltung zu sich finden. Es wird in jedem etwas in Gang gesetzt – man bekommt einen Schub. Eine langanhaltende, grundsätzliche Veränderung kann aber nur – wie immer – geschehen, wenn die Anregungen von jedem einzelnen aufgegriffen und weitergeführt werden. Um die Wirkung in einem Bild auszudrücken: Ein roter Tropfen Farbe fällt in einen Eimer weiße Farbe und bleibt dort. Wenn die Farbe aber rosa werden soll, muß man *rühren*.

Wenn die Arbeit in der Gruppe weitergeführt wird, sei es sporadisch oder regelmäßig, geht die Wirkung tiefer, es wird „gerührt“. Ein Prozeß, der *übenderweise* über vier Wochen fortgesetzt wird, wirkt auf den Ätherleib des Menschen, d.h. gewohnte Sichtweisen und Handlungen können sich ändern. Beispielsweise hat ein Teilnehmer festgestellt, daß er in seinem

Leben immer wieder Situationen abbricht. Er macht nun über einen längeren Zeitraum die Übung, täglich eine Sache zu Ende zu bringen. Seine Sensibilität für dieses Thema wird geweckt: Im Laufe dieser Übung wird er feststellen, wie viele Dinge er täglich nicht beendet, und natürlich sieht er mit geschärftem Blick das gleiche Problem bei anderen, die er dann am liebsten gleich miterziehen möchte. (Was man erfahrungsgemäß – auch wenn man es ja nur zum Besten will – besser lassen sollte!) Ein Austausch über solche Erfahrungen kann in einer Gruppe hilfreich, erleichternd und oft auch erheiternd sein.

Grundsätzlich stehen bei der Gruppenarbeit die sozialen Aspekte und allgemeinen Erkenntnisse mehr im Vordergrund, und individuelle Themen werden nicht ausführlich behandelt. Insofern ist es sinnvoll – falls das Bedürfnis entsteht – anschließend in Einzelgesprächen das Erfahrene zu vertiefen.

Biographiearbeit mit einem Berater

Man kann zusammen mit einem Berater auf verschiedene Weise seine Biographie aufarbeiten. Das ist in einer chronologischen Abfolge möglich, also von der Geburt an bis zu dem jetzigen Alter. Diese Methode hat einen mehr systematischen und ordnenden Charakter. Sie kann helfen, eine Überschau von seinem Leben zu gewinnen, Bilanz zu ziehen und ein Gespür für den Entwicklungsimpuls des eigenen Lebens zu bekommen.

Meist kommen die Menschen aber zu der Einzelberatung, weil sie aktuell in einer schwierigen Situation stehen, die sie bewältigen möchten. Ausgehend von den momentanen Fragen läßt sich die ganze Biographie auffächern: Welche Einzelheiten haben zu der jetzigen Situation geführt? Gibt es ähnliche Motive im Lebenslauf, und wie sahen die damals aus? (Oftmals sind typische Lebensmotive schon in der Geburtssituation zu sehen). Wie haben sie sich im Laufe der Zeit gewandelt? Welche Anforderungen liegen in der Schwierigkeit? Was soll der Klient entwickeln oder verwandeln? Wo liegen die Stärken und Stützen, die in jedem Leben zu finden sind?

In regelmäßig stattfindenden Gesprächen kommt man diesen Fragen näher. Das Aufzeichnen eines Lebenspanoramas oder künstlerische Mittel unterstützen den Prozeß. Ein wichtiges Element in der Einzelarbeit ist das Erüben neuer Sichtweisen, Gewohnheiten und Fähigkeiten. Welche Elemente fehlen in einem Leben? Welche Einseitigkeiten sollen ausgeglichen werden? Wo sollte Festgefahrenes in Bewegung gebracht werden? Vielleicht besteht dann eine Übung darin, *täglich einmal* einen Menschen in seiner Kleidung, Gestalt, Bewegung, Sprache etc. genau und wertfrei wahrzunehmen (statt ihn zu bewerten); oder statt in unzähligen Problemen zu ertrinken, eines systematisch und planvoll anzugehen; oder täglich einmal darauf zu verzichten, Recht zu haben; oder einer Frage intensiv nachzugehen usw. Die Übungen entstehen aus der individuellen Situation des Klienten. Selbstverständlich können auch Übungen von Rudolf Steiner oder solche aus dem religiösen und künstlerischen Bereich für die jeweilige Situation passend sein. Der Umgang mit diesen Übungen, die daraus entstehenden Veränderungen und auch das Scheitern werden in den Beratungsgesprächen thematisiert. Wichtig ist, daß man nicht damit *beginnt*, an den äußeren Umständen etwas zu ändern, sondern an den Gewohnheiten und Sichtweisen, die zu ihnen geführt haben. Die Ursachen sind in der Biographie sichtbar und können dort erkannt und dann durch die Übungen in Bewegung gebracht werden.

Es ist auch möglich, nur einige Male das Gespräch mit einem Berater aufzusuchen. Das kann helfen, die eigene Situation noch einmal anders zu bedenken und einen anderen Blickwinkel einzunehmen, bevor man vielleicht eine Entscheidung trifft. Auch kommen Klienten manchmal, um sich bei einem bereits eingeschlagenen Weg noch einmal zu versichern, ob sie auch alles bedacht und gesehen haben. Das sind dann kleine Kurskorrekturen, aber der Weg an sich ist dem Klienten bereits deutlich.

Das Aufarbeiten der eigenen Biographie für sich alleine

Im Alleingang und stillen Kämmerlein das eigene Leben aufzuarbeiten, ist ein schwieriges Unternehmen. Es erfordert Disziplin, Konsequenz und ein distanziertes Sich-betrachten-Können. Die Gefahr, sich selbst in einem doch möglichst guten Licht zu sehen, ist groß, und man bleibt verständlicherweise gerne da stecken, wo die größten Schwachpunkte sind. Insofern ist es gerade in einer aktuellen Krise nicht zu empfehlen, alleine seine Biographie zu erarbeiten.

Dennoch: In den Karmavorträgen Rudolf Steiners findet man Anregungen, nach welchen Gesichtspunkten man vorgehen kann; auch kann man sich selbst bestimmte Aspekte aussuchen. (Wann und wie kam etwas Neues in mein Leben? Wann bin ich umgezogen, und wie hat das mein Leben verändert? Welche Menschen haben mich in meinem Leben weitergebracht und wodurch? Welche Ideen und Ideale hatte ich und habe sie vergessen, und welche möchte ich wieder aufgreifen? Welche ungeklärten Situationen gibt es noch in meinem Leben? etc.) Wichtig ist dabei, daß man sich – wie immer – nur wenig vornimmt und das dann aber wirklich ausführt. Das Korrektiv ist dann nicht ein Mensch oder eine Gruppe, sondern die Übung und Methode an sich. Mit einer fragenden und aufmerksamen Haltung sich selbst gegenüber kann man erleben, daß ein konsequentes Bemühen neue Wege aufzeigt. Vielleicht gewinnt man neue Erkenntnisse über sich, oder es stellt sich gegenüber bestimmten Fragen eine innere Sicherheit ein, oder

„zufällig“ spricht ein anderer Mensch etwas aus, was für einen ganz bedeutungsvoll ist. Letztlich – und das betrifft jede Form von Biographiearbeit – kommt es darauf an, auf echte Weise fragen zu lernen. Das mag zwar einfach klingen, aber es geht eben nicht darum, möglichst schnell eine Antwort zu erhalten, sondern die Offenheit der Frage zu ertragen und sie zu einem Teil des Lebens zu machen.

„Leben Sie jetzt die Frage. Vielleicht leben sie dann allmählich, ohne es zu merken, eines fernen Tages in die Antworten hinein.“

(Rainer Maria Rilke: Briefe an einen jungen Dichter)

Praxisberichte

Die folgenden Berichte bzw. das Interview geben Erfahrungen von Klienten der Einzelberatung und einer Teilnehmerin eines Workshops wieder. Sie zeigen das ganz persönliche und subjektive Erleben der Biographiearbeit von einzelnen Menschen bei verschiedenen Beratern/innen, und von daher ist jeweils nur ein Ausschnitt und sind nur einige mögliche Arbeitsweisen dargestellt.

ERFAHRUNGSBERICHT – BIOGRAPHIEARBEIT
Babette C. (44 Jahre)

Jeder Mensch, der sich an eine Biographiearbeit begibt, hat ja wohl *seinen* Weg dorthin gefunden. Bei mir war es der Entschluß – nach vielen Jahren der Vorarbeit im Detail –, einen ganzheitlicheren Aspekt meines Lebens zu erfassen.

Jahrzehnte hatte ich mich – mehr oder weniger ohne Öffnung nach außen – in Eigenarbeit mit Lebenskrisen und Problemaufarbeitung beschäftigt. Angeregt durch eine ganzheitliche Therapieform begann ich 1990 eine einjährige berufsbezogene Supervisionsarbeit in meiner eigenen Praxis. Dabei konnten nicht nur viele Fragestellungen bezüglich der Praxisarbeit geklärt werden (Verhältnis, Umgang, Wechselwirkungen Therapeut/Patient) – es faszinierte mich auch, festzustellen, wie viele meiner Reaktionen, meiner Verletzbarkeiten auf Erlebnisse in der Kindheit bzw. frühen Jugend zurückzuführen waren.

Erstmals sah ich die geistigen und ursächlichen Zusammenhänge zwischen „Damals" und „Heute" auch bezüglich der Berufsarbeit. Auch sah ich viel klarer, wie sich ein, ich möchte es Suchprozeß nennen, durch mein bisheriges Leben zog, der Ziel und Richtung zu haben schien. All die Dinge, die Themen, die mich ein Leben lang beschäftigt hatten, schienen nicht zufällig aufgetaucht zu sein. Das hört sich simpel an, denn verstandesmäßig waren mir solche Zusammenhänge lange klar – durch Anthroposophie, 20jährige Meditationstätigkeit, Workshops mit Elisabeth Kübler-Ross und Reinkarnationsarbeit. Doch hier war eine fast körperlich erfahrbare Tatsache spürbar und dringlich geworden.

Somit führte die „berufsbezogene" Supervisionsarbeit unvermeidlich bei mir zu Fragestellungen, die nur die Biographiearbeit lösen konnte. Wie also lauten genau meine Lebensthemen, meine Arbeitsmotive in dieser Inkarnation, wo tauchen sie auf und wie kann ich sie zukünftig lösen? Im Frühjahr 1991 fand dann ein Vorgespräch mit einem Biographieberater statt, in dem ich meine Motivation und Fragestellungen zu dieser gemeinsamen Arbeit darstellen konnte.

Für mich war klar, daß ich Lebensthemen übergeordneter Art deutlicher erkennen und formulieren lernen wollte, und ich wollte speziell klären, warum ich soviel meiner eigenen Lebensenergien in meiner Therapeutentätigkeit ließ – sprich: im Umgang mit den Patienten. Ich war auch durch eigene körperliche Grenzsituationen in einen immer wieder aufflackernden Leidensdruck geraten und war somit aufgefordert, meine seelischen und körperlichen Kräfte zusammenzuhalten bzw. ausreichend zu erneuern.

Der Biographieberater konnte mir in diesem Vorgespräch mehr nonverbal als verbal vermitteln, daß da genügend Offenheit und Annehmenkönnen der anderen Persönlichkeit in all ihrer Problematik zu erwarten war, und so konnte ich mich mit diesem innerlichen Gefühl der „Stimmigkeit" auf die Biographiearbeit mit ihm einlassen. In ca. vierwöchentlichen Abständen trafen wir uns fast ein Jahr lang und arbeiteten einen Vormittag zusammen. Diese zeitlichen Abstände waren mir sehr willkommen, da ich zum einen keinen akuten Leidensdruck hatte, zum anderen die Erkenntnisse gleich in dem mir angemessenen Zeitrahmen umsetzen konnte. Darüber hinaus entspricht es meinem Temperament, sehr intensiv in Situationen einzusteigen und diese auszuhalten. Ein Vormittag Biographiearbeit brachte mir jedenfalls das Maß an Intensität und Fülle, das ich verkraften konnte – ohne über- oder unterfordert zu sein.

Wir begannen die Arbeit in zeitlich chronologischer Folge, wobei die Frage der Lebens- und Umweltsituation, in die ich hineingeboren wurde, als erste anstand. Die Begebenheiten, „Zufälle", Einschnitte und Themen der Jahre wurden auf einem an die Wand gehefteten Endlospapier entsprechend des zeitlichen Auftretens festgehalten.

Durch die wache, aber zurückhaltende Art der Begleitung des Beraters und durch gezielte treffende Fragen seinerseits konnten die lebensgeschichtlichen und lebenssituativen Elemente (Chronos und Kairos) von mir erkannt und benannt werden. Besonders wesentlich und hilfreich waren mir dabei die innere Anteilnahme, die Akzeptanz und das Umgehenkönnen mit geistigen Erfahrungen, zum Beispiel Begegnungen mit dem eigenen Engel.

Als erste Hausaufgabe konnte ich über die Aquarellmalerei die Stimmung der ersten beiden Jahrsiebte künstlerisch darstellen. Diese Erfahrung wurde von mir als tiefer emotionaler Lösungs- und Loslaßprozeß empfunden. Es hatte auch ein tröstliches, stärkendes Element, Richtung und Weg über die Formumwandlung von Dunklem durch Helligkeitselemente und lichte Farben zu erleben und zu erfühlen.

Eine andere Hausaufgabe war die Herstellung einer Collage über mein Leben, was für mich wie ein Neu-Durchleben von Schmerz, Trauer, Todesnähe erlebt wurde, überstrahlt und eingerahmt von etwas Unerschütterlichem, Hoffendem, Behütendem, Richtungsweisendem, Zukunftsweisendem.

Als weitere Hausaufgabe ergab sich nach der Besprechung dieser Collage, die wir „Lebensbühne" nannten, die Frage nach dem Unterbau, der Requisitenkiste dieser Lebensbühne. Die „Lösung" dieser Hausaufgabe – die ich selber mit Spannung und etwas Angst erwartete, denn hier ging es für mich zur Sache – wurde mir quasi wie eine Eingebung geschenkt.

Ich zeichnete das Bild eines tief und weit verwurzelten Baumes, der einen stabilen Stamm hatte und der sich symbolisch weit und hoch in seiner Krone nach oben – zur geistigen Welt hin – öffnete. Die Geste der Öffnung war durch vier Hände übermittelt, von denen sich zwei Hände hüllend, formgebend mit geöffneten Handflächen nach oben seitlich erstreckten, in den Handflächen Kugel und Feder als Symbole bergend. Das zweite Handpaar hatte sich betend nach oben geschlossen und zentriert.

Durch den künstlerischen Anteil der Biographiearbeit konnte ich somit auf allen Ebenen auch die Erfahrung des Geborgenseins und der tiefen Verwurzelung machen, bei aller Offenheit und Sensibilität gegenüber der geistigen Welt. Durch das Zusammentreffen von Gespräch und Darstellung im Bild fand für mich eine gegenseitige Befruchtung und Potenzierung der Erkenntnis- und Erlebensvorgänge statt.

Nach Abschluß der Besprechung der Jahre, Jahrsiebte, der Bedeutung der Geschehnisse zum Zeitpunkt der Mondknoten konnte ich mit Übungen beginnen, die aktuelle Lebensthemen betrafen, zum Beispiel Distanz- und Schutzübungen bezüglich Fremdenergien. Ich habe die Übungen teilweise für mich in der praktischen Anwendung etwas variiert, damit sie für mich stimmig waren. Der Charakter der Übungen wurde jedoch nicht verändert.

Diese Übungen waren für mich durch die regelmäßige Anwendung bzw. durch das Ins-Bewußtsein-Nehmen äußerst hilfreich. Somit konnte ich ganz bewußt, ganz aktiv ins Tun kommen und eine gute Prophylaxe gegen zu hohen Energieverlust schaffen.

Die Biographiearbeit wurde an dem Punkt vorerst beendet, wo ich die Gewißheit hatte, gut „für mich sorgen" zu können. Durch die Biographiearbeit verstärkte und verdeutlichte sich mir auch wieder der langjährige Wunsch nach einer geistigen Begleitung, die ich dann auch in der Person eines Priesters der Christengemeinschaft gefunden habe.

Als Resumee läßt sich für mich folgendes aus meiner Biographiearbeit ableiten:

1. Die Bestätigung, zur richtigen Zeit die richtigen Menschen, die rechte Hilfe zu finden, wenn ich wirklich und wahrhaftig suche und ein tiefes Anliegen habe. Voraussetzung dafür ist für mich eine innere Offenheit und Vertrauen.
2. Ich kann noch mehr Vertrauen in den eigenen Lebensweg, in die geistige Führung haben, wobei ich jedmögliche Entscheidungsfreiheit besitze.
3. Eine noch tiefere Sinnfindung ist für mich in den Aufgaben, Krisen und Krankheiten, die mir begegnen, möglich.
4. Eine noch intensivere Bejahung der eigenen Lebenssituation ist für mich lebbar geworden. Ich habe noch mehr „Neugier" auf die Lösungsmöglichkeiten und Lösungswege der eigenen Probleme gewinnen können und habe noch mehr „Biß" darauf, jeden erkennbaren Mangel als Motiv zu leben. Und: das macht Spaß!
5. Ein tiefes Vertrauen in die Sinnhaftigkeit des eigenen Lebensweges ist in mir, mit dem Mut, auch gegen die üblichen Konventionen und Vorurteile in Wahrhaftigkeit – mir selbst und meinem Engel treu bleibend – zu leben und Entscheidungen in Verantwortung zu treffen.

Die Biographiearbeit war für mich ein wesentlicher Impuls auf meinem persönlichen Heilungsweg und hat mir den Mut und das Vertrauen gegeben, wesentliche Veränderungen – auch im zwischenmenschlichen Bereich – zu leben.

ERFAHRUNGSBERICHT – BIOGRAPHIEARBEIT
Angela N. (38 Jahre)

Nach langjähriger schwerer Krankheit ging es mir zur Lebensmitte hin immer besser. Den „Grund" meines Gesundwerdens sah ich in einer mir noch unbekannten neuen Lebensaufgabe. So versuchte ich eine für mich sinnvolle Arbeit zu finden. Obwohl ich aus dem Pflegebereich kam, erwies sich diese Arbeitssuche aber als sehr schwierig – ja, offensichtlich unmöglich.

Ich hatte dadurch das Gefühl, nicht mehr gebraucht zu werden – *und* war mir gleichzeitig sicher, eine bestimmte Aufgabe zu haben. Es entstand für mich ein unlösbarer Konflikt. Obwohl ich mir Zusammenhänge psychologisch erklären konnte, da ich früher eine Psychotherapie gemacht hatte, verlor mein Leben mehr und mehr an Sinn. Doch ich war nicht bereit, die Hoffnung gänzlich aufzugeben. Seit einigen Jahren beschäftigte ich mich mit der Anthroposophie und suchte nun einen anthroposophisch orientierten Therapeuten.

So bekam ich die Anschrift eines Biographieberaters. Wir vereinbarten einen Termin. Nach einem Erstgespräch hatte ich schon die Bereitschaft, Biographiearbeit zu machen, auch wenn ich keine genauen Vorstellungen von der Art der Arbeit hatte. Nun vereinbarten wir regelmäßige Termine.

Von besonderer Bedeutung bei meinem Biographiearbeiter waren mir seine Offenheit und sein Zugang zu geistigen Zusammenhängen. Zu Beginn legten wir eine Graphik an, in der wir verschiedene Punkte meines Lebens einzeichneten. Der erste Punkt war das Scheitern, d.h. ich rief mir Situationen, in denen ich in meinem Leben gescheitert war, ins Gedächtnis. Mit „Scheitern" war zum Beispiel gemeint: Abbruch von Schule, Ausbildung, Beziehung etc. Diese einzelnen Etappen trug ich also in die Graphik ein. Ich empfand es dann doch schockierend, meine Abbrüche so deutlich – optisch – vor Augen zu haben.

In weiteren Biographiestunden erweiterten wir die Graphik mit neuen Themen: Inhaltlich ging es um Beziehungen, die hinderlich oder fördernd in meinem Leben waren, um Begegnungen mit Menschen, um Eltern-Kind-Beziehung, besondere Orte, Plätze der Kindheit, um Aggressionen, Sterbeerlebnisse etc.

Während der Arbeit an der Graphik, auch als diese fertiggestellt war, ging es immer wieder darum, die Geschehnisse nachzuempfinden, jedoch nicht darum, diese zu analysieren. Ich lernte eine immer größere Distanz zu den Ereignissen herzustellen, indem ich mir die Graphik nur anschaute und das Bild auf mich wirken ließ. Dabei konnten ganz neue Erkenntnisse entstehen. Besonders sichtbar wurde durch die Graphik auch, daß ich in meinem Leben (teilweise) wie in einem Gefängnis gelebt hatte, d.h. daß ich durch äußere Gegebenheiten oft so stark eingeschränkt war, daß ich in gewisser Hinsicht wie gefangen war, mich oft nicht frei oder sogar gar nicht entfaltet hatte.

Durch die Biographiearbeit konnte ich spezielle Eigenschaften von mir annehmen: So zum Beispiel brauche ich die Nähe zu Menschen, zur Welt, und zugleich ist es mir ein Grundbedürfnis, eine gewisse Distanz zu ihnen zu haben (um immer wieder auch für sie da sein zu können, indem ich in der Stille auftanke). Dieses war für mich immer ein problematischer Gegensatz, den ich nun als zu mir gehörig akzeptieren kann. So gibt es bei mir scheinbar unüberbrückbare Gegensätze, die dennoch zusammengehören, was mir durch die Biographiearbeit bewußt wurde.

Durch meine Biographiearbeit änderte sich nicht nur der bewußte Umgang mit mir, sondern sie spiegelte sich auch in den unbewußten Bereichen, d.h. daß sich im Laufe der Zeit die Art und Weise meiner Träume änderte. So träumte ich früher einzelne Träume, später dann in Traumserien, die auch aufgegriffen und bearbeitet wurden, was eine hilfreiche Ergänzung war.

So hatte ich immer das Gefühl sehr individueller Arbeit, und kleine Äußerungen, Wünsche etc. wurden – wenn möglich – mit in die Arbeit einbezogen. Zum Beispiel: Nach einer Traumserie und dem daran anschließenden praktischen Umgang mit Erde bekam ich das starke Bedürfnis, auch zu töpfern. Das Angebot, mit einer Kunsttherapeutin zu arbeiten, habe ich dankbar angenommen und erlebte darin eine Erweiterung der Arbeit an und mit mir. Ich habe den Eindruck, daß nicht nach einem starren Schema gearbeitet wird, was mir sehr entgegenkommt und guttut.

Auch erlebte ich in der Biographiearbeit, wie wichtig es ist, Erkenntnisarbeit zu leisten. Das war für mich konzentriertes Arbeiten mit Büchern (mit Übungen), wobei es aber niemals darum ging, zum Beispiel Geschriebenes kritiklos zu übernehmen, sondern zu spüren, was ich wirklich leben konnte. Dieses wurde von meinem Biographiearbeiter auch immer wieder sehr betont. Es war also wichtig, mit meinem Ich und meinem Willen zu einer Sache „ja" zu sagen, ohne etwas kritiklos zu übernehmen.

In der Biographiearbeit lernte ich einen ganz neuen Umgang mit mir und anderen Menschen – sachlich und klar. Zum Beispiel verstand ich, wie wichtig es ist, Menschen ohne Erwartungen zu begegnen – und anstelle von Erwartungen die Menschen in ihren Entscheidungen und Taten freizulassen, wobei dieses ein immerwährender Übungsprozeß ist.

Besonders hilfreich waren mir konkrete Übungen, die mir von meinem Biographiearbeiter vorgeschlagen, aber niemals aufdiktiert wurden. Als Beispiel hierfür: Immer wieder komme ich in Konflikte mit Mitmenschen, in denen Reden zum Beispiel nicht mehr möglich ist. In solchem Falle wäre ich durchaus in der Lage, meine Aggressionen auszudrücken, doch kann ich für mich darin keinen Sinn erkennen und fühle mich selbst dabei unwohl.

Zum Umgang mit diesen Konflikten half mir eine Übung, die mir das Gefühl gab, doch noch Positives bewirken zu können: Ich setzte mich ca. 10 Minuten in meiner Vorstellung dem Menschen gegenüber und sagte ihm, indem ich dabei willentlich meine Emotionen ausschaltete, was ich ihm gerne mitgeteilt hätte. Das bedeutete für mich, daß ich mit dem Gegenüber in einen positiven Kontakt treten konnte – in meiner Vorstellung und für diese begrenzte Zeit. Für mich war dies ein sehr ehrlicher Weg, bei dem positive Kräfte entwickelt wurden und für mein Empfinden auch real beiden Seiten geholfen werden konnte.

An dem Punkt, an dem ich mittlerweile stehe, kann ich sagen, daß ich mir durch die Biographiearbeit ein sehr klares Bild meines Ich erarbeitet habe. Das Verständnis für die Biographie anderer Menschen ist gewachsen, was sehr hilfreich im Umgang mit ihnen ist. Meine persönliche Auseinandersetzung mit geistigen Fragen hat neue Formen bekommen, die mir helfen, geistige Kräfte positiver einzusetzen. Durch die Erkenntnisse innerhalb der Biographiearbeit habe ich rote Fäden gefunden, die sich durch mein Leben ziehen.

Einzelne Geschehnisse meines Lebens, die für mich früher separat standen, stehen nun in einem Zusammenhang. Mein anfänglicher Konflikt, das Gefühl, nicht mehr gebraucht zu werden, verbunden mit der Gewißheit, eine bestimmte Aufgabe zu haben, hat sich gelöst. Ich weiß, daß ich an vielen Stellen aufgrund meiner Fähigkeiten gebraucht werde, die jedoch nun in einem ganz anderen Bereich liegen, als ich zunächst gedacht hatte. So glaubte ich anfangs, erneut im Pflegebereich arbeiten zu können, weiß aber nun, daß die Beratung mir viel mehr entspricht.

So entschied ich mich, noch einmal ganz von vorn zu beginnen, d.h. auch eine entsprechende Ausbildung machen zu wollen. Mein Leben ist durch all das nicht leichter geworden. Ich bin dabei, mich von meinem gewohnten Leben zu trennen und mache außerdem die Erfahrung, daß es schwierig ist, auch bedingt durch mein Alter, einen Ausbildungsplatz zu bekommen. Aber immer wieder mache ich mir bewußt, daß nicht das Ziel, sondern der Weg das Entscheidende ist.

ERFAHRUNGSBERICHT – BIOGRAPHIEARBEIT
Verena B. (36 Jahre)

Im Vorwege möchte ich einige Begebenheiten schildern, die sich vor der Biographiearbeit in meinem Leben zugetragen haben. Um diesen Hintergrund zu bilden, schaue ich rund fünf Jahre zurück.

In meinem 30. Lebensjahr geriet ich in eine tiefe Seelenkrise. Unaufhaltsame Gedanken und Bilder drängten sich aus meinem Inneren hervor. Mein psychischer Lebensrahmen war zu dieser Zeit auch sehr instabil (ledig, ohne Kinder, arbeitslos, ohne Partnerschaft, kein Freundeskreis).

Über Monate lebte ich in diesen Zuständen. Schließlich, am Ende meiner Kraft, begab ich mich in die Hände der klinisch staatlichen Psychiatrie, in der ich zwei Jahre durchlitt. Die ersten acht Monate meines Klinikaufenthaltes bewegte ich mich zwischen Medikamenten und Angstzuständen. Ich war nur noch ein Schatten meiner selbst. Nach diesen acht Monaten entschied ich mich für eine Psychotherapie im klinisch betreuten Rahmen. 15 Monate später verließ ich das Umfeld der Psychiatrie.

Eine Möglichkeit, in eine anthroposophisch orientierte Vor- und Nachsorgeeinrichtung zu gehen, nutzte ich. In dieser Einrichtung verbrachte ich dann 1.1/2 Jahre in betreuter Lebensweise. Ich gewann in dieser Zeit den Halt meines physischen Leibes zurück.

Anfang 1991, ich war jetzt 35 Jahre alt, wagte ich den Schritt in die Selbständigkeit und Eigenverantwortlichkeit zurück. Nun lag es wieder an mir, eigene Hilfsmöglichkeiten zu entdecken. Da meine Persönlichkeit von Natur aus einen dünnen leiblichen und seelischen Körper hat, ist Psychotherapie für die Zukunft für mich völlig ausgeschlossen. In der Psychotherapie machte ich die Erfahrung, meine ganz persönliche Rückzugsmöglichkeit seelisch-leiblicher Natur nicht bewahrt zu wissen. Bei mir ging es dabei so weit, daß meine Existenz verstärkt gefährdet wurde.

Aus dieser Erfahrung heraus suchte ich nach Hilfestellungen, die mir einen ganz eigenen Teil meiner selbst ließen. Tanztherapie, Fußreflexzonenmassage und schließlich die Biographiearbeit wurden zu meinen Schwerpunkten. Ich erlebte die Biographiearbeit als etwas Bewahrendes, sozusagen eine Art Entdeckungsreise auf der Suche nach den Schätzen der Persönlichkeit.

In der Psychotherapie erlebte ich den Schwerpunkt darin, Gefühlsblokkaden und Irrwege der Gefühle zu entdecken – hineinzugehen, mit dem Risiko, nicht mehr herauszukommen.

An dieser Stelle möchte ich gern näher auf die Biographiearbeit eingehen. Am Anfang der Arbeit war das Thema vor jeder Stunde offen. Die Fragen gingen jedoch schon in eine bestimmte Richtung (Kindheit, Jugend). Einige Fragen lauteten: Wie wohnte ich? Welche Gerüche und Farben umgaben mich? Wieviel Raum konnte ich beanspruchen? Wie sah mein Lebensumfeld aus? Welchen Persönlichkeiten begegnete ich in bestimmten Lebensphasen? Ich war bemüht, mich dem Strom der Fragen anzuvertrauen. Es gelang mir nicht vom ersten Moment an. Nach einer gewissen Zeit fingen die Bilder meines Inneren auch im Alltag an, auf die Fragen zu antworten.

Das Wichtigste in der Biographiearbeit war für mich das Denken in Bildern. Das gab mir die Möglichkeit, mein gelebtes Leben, was hinter mir liegt, als Bild zu betrachten.

Hinzu kam ein ergänzend wichtiges Element: das Malen meines Lebensfadens. Ich malte auf einfachste Weise Menschen, Blumen, Möbel, Zahlen, Formen und schrieb Wörter. Alles war auf einem etwa drei Meter langem Stück Papier angesiedelt. Wir unterteilten meine Lebensgeschichte in die Lebensphasen 1 bis 7 Jahre, 7 bis 14 Jahre, 14 bis 21 Jahre.

Nach dem gleichen Prinzip sann ich mich für die nächsten sieben Jahre in die Zukunft. Diese Zukunftsvision drückte ich in einer Farb-Form-Komposition aus.

Es war erstaunlich, was alles an Betrachtungsweisen von uns beiden entdeckt wurde. Mir gelingt es hier an dieser Stelle nicht, das in Worte zu fassen, was ich dabei persönlich erlebte. Es ist, glaube ich, wichtig, es selbst einmal praktisch angefertigt zu haben und mit einer zweiten Person zu betrachten.

Abschließend möchte ich sagen, daß ich die Biographiearbeit als etwas ansehe, was mich die ersten Schritte gelehrt hat, über mein Leben zu staunen.

INTERVIEW MIT HANS M. (41 JAHRE)
von Wolfgang Weirauch

Wolfgang Weirauch: Was hat Sie veranlaßt, die Biographiearbeit-Einzelberatung aufzusuchen?

Hans M.: Vorausgegangen ist dem eine jahrelange Beschäftigung mit der Anthroposophie, hinzu kam eine aktuelle berufliche Krise. In dieser Krise habe ich einiges versucht, zum Beispiel Psychotherapie, verschiedene Workshops und eben auch die Biographiearbeit.

W.W.: Können Sie Ihre innere und äußere Situation noch etwas konkreter darstellen, wie Sie zum Zeitpunkt der Krise gewesen sind?

Hans M.: Die äußerliche Situation zu beschreiben ist sehr schwierig, vor allem waren es aber Konflikte mit meinem Chef, wegen derer ich mich in meinem Betrieb äußerst unwohl fühlte, so daß ich beschloß, mit dieser Arbeit aufzuhören. Gleichzeitig wollte ich aber nicht sofort in das nächste Arbeitsverhältnis hineinrutschen, und deswegen habe ich mir die Freiheit genommen, ein Jahr arbeitslos zu sein. In dieser Zeit habe ich versucht zu ergründen, was ich eigentlich will. Weil ich in diesem Zusammenhang sehr viel Zeit hatte, gelangte ich unter anderem auch zur Biographiearbeit.

W.W.: Hatten Sie innerlich das Gefühl des Ausgebranntseins?

Hans M.: Das kam selbstverständlich hinzu. Ich war damals in sehr komplizierten Arbeitsverhältnissen, in die auch sehr viele menschliche Enttäuschungen mit hineinspielten. Mein Ausstieg aus der Arbeit war eine Art Zäsur. Ich hatte auch das Gefühl, an diesen Konflikten nicht ganz unschuldig zu sein. Irgendwie war es mir klar, daß es auch an mir lag, weil sich meine Persönlichkeit in diese Arbeitsverhältnisse nicht ganz einfügen wollte. Von daher war ich ein wenig ratlos, ob sich diese potentiellen Konflikte in einem neuen Arbeitsverhältnis verändern und verbessern würden.

W.W.: Wurde Ihnen während Ihrer Krise auch bewußt, daß Sie früher Ideale hatten, die Sie zum Beispiel im Beruf verwirklichen wollten, daß sich diese Verwirklichung der Ideale allerdings sehr weit von der aktuellen Wirklichkeit entfernt hatte?

Hans M.: So kann man das sagen. Ich hatte zum Beispiel das Ideal, ehrlich und offen zu sein, anderen Menschen, auch den Vorgesetzten, nichts vorzumachen, aber das war in meiner beruflichen Situation kaum noch zu verwirklichen.

W.W.: Haben Sie auch einen Bruch zwischen Ihrer inneren und äußeren Situation erlebt? Hatten Sie zum Beispiel äußerlich im Beruf Erfolg, und klaffte Ihre innere Situation in einer immer größer werdenden Diskrepanz von der äußeren Situation auseinander, zum Beispiel in der Weise, daß Gefühle der Sinnlosigkeit und der Unmöglichkeit der Verwirklichung von Idealen im Beruf auftraten?

Hans M.: Der Zeitpunkt, an dem ich aus meinem Beruf ausschied, war natürlich für mich im äußeren Sinne kein Erfolg, obwohl ich vorher durchaus erfolgreiche Stellungen innehatte. Es war eher das Gefühl, daß mich meine berufliche Situation in meinem Verhalten, vor allem gegenüber meiner Familie so negativ prägte, daß ich es nicht mehr trennen konnte und auch das Gefühl hatte, innerlich gegen die gleiche Wand zu rennen, gegen die ich auch in meinem Beruf anrannte.

W.W.: Wie würden Sie diese Wand beschreiben?

Hans M.: Vor allem als eine Verhärtung. Ich habe im Berufsleben die sachliche Komponente zu stark betont und geglaubt, daß sich auf dieser Ebene Probleme lösen lassen würden. In meinem Beruf, ich bin Mathematiker, geht es eigentlich um sehr sachliche Dinge, um handfeste Probleme, aber das hat dann im allgemeinen Berufsleben doch diverse Schichten und Ebenen, vor allem soziale und zwischenmenschliche. Ich funktionierte im Grunde nur auf dieser sachlichen Ebene sehr gut, aber das taugte und reichte für die beruflichen und privaten Verhältnisse nicht aus, schon gar nicht zu deren Problemlösung.

W.W.: In dieser Situation sind Sie zur Biographiearbeitsberatung gegangen. Was haben Sie sich konkret zur Bewältigung Ihrer Probleme von der Biographiearbeit erhofft?

Hans M.: Eigentlich hatte ich keine Erwartungen, vielmehr war es Neugier, weil mich auch die Anthroposophie interessierte, ausgelöst durch die

Entscheidung, meine Tochter auf eine Waldorfschule zu schicken. Von daher hatte ich bereits eine lockere Beschäftigung mit der Anthroposophie und sah die Biographiearbeit im Grunde nur als ein Angebot unter vielen an. Ich hatte keine speziellen Erwartungen. Es war eine Neugier, ob Anthroposophie auch praktische Resultate zeigen könnte.

W.W.: Sie waren in der Einzelberatung. Was haben Sie dort gemacht?

Hans M.: Von großer Bedeutung war eine lange Rolle Papier, auf der ich mein Leben einzeichnen sollte, und zwar auf zwei Achsen untereinander, zum einen die äußeren Ereignisse in meiner Biographie, zum Beispiel wichtige Einschnitte, Umzüge, berufliche Veränderungen, Partnerwechsel, auf der anderen Achse die innere Entwicklung. Diese ist natürlich wesentlich schwerer zu erstellen, denn es sind weniger einzelne Ereignisse, an denen man die innere Situation festmachen kann. Schließlich geht es dabei darum, wie man sich in verschiedenen Zeiten gefühlt hat, welche inneren Erkenntnisse oder Entwicklungsschritte man vollzogen hat, oder es geht um Lebensgefühle, die man in einer bestimmten Situation gehabt hat. So etwas ist schwer zu verbalisieren. Es war dann tatsächlich leichter, dies in Bildern, die ich zu einigen Lebensstationen malen sollte, auszudrücken.

Im wesentlichen bestand die Arbeit darin, diese beiden Achsen zu entwickeln und dann anhand dieser großen Rolle Papier zu überlegen, was im eigenen Leben typisch ist, was immer wiederkehrt, vielleicht auch gewisse Zyklen und Perioden zu erkennen. Natürlich auch das zu sehen, was sich verändert hat.

W.W.: Haben Sie denn Lebensmotive oder konkrete Zyklen bzw. Rhythmen, die Sie gemeinsam in der Beratung aus Ihrem Leben herauskristallisieren konnten?

Hans M.: Das Erstaunlichste bei der Biographiearbeit war für mich eigentlich, daß sich gewisse Zyklen sehr regelmäßig nachweisen ließen, zum Beispiel kamen die Jahrsiebte sehr stark zum Ausdruck und paßten fast perfekt.

W.W.: Wie sah das im einzelnen aus?

Hans M.: Alle 14 Jahre hatte ich eine Art Höhepunkt, während es die darauffolgenden sieben Jahre bergab ging. Grob gesprochen wäre dies ein Muster, das in meinem Leben zum Ausdruck kommt. Parallel mit diesen Zyklen ging auch die Beschäftigung mit psychologischen oder religiösen Dingen einher, und das setzte in Zeiten der Krisen verstärkt ein, aber hinterher flaute es wieder ab. Das kann ich sogar an den Regalen in meinem Bücherschrank ablesen, wo es jeweils gewisse Regalmeter gibt, die ich verschiedenen Abschnitten meines Lebens zuordnen kann. Es ist ganz erstaunlich, was sich da so alles ansammelt, sich aber in bezug auf die großen Zyklen auch wieder ähnelt. – Allerdings möchte ich das mit den Jahrsiebten auch nicht überbetonen, denn ich denke schon, daß man sich auch hier sehr viel einbilden kann, auch wird dies individuell sehr verschieden sein, und man sollte es nicht nur an äußeren Gegebenheiten festmachen. Trotzdem konnte ich diese Rhythmen bei mir ablesen.

Was mich am Anfang sogar noch am meisten störte, parallel las ich davon nämlich in dem FLENSBURGER HEFT Nr.31, waren die besagten Mondknoten. Ich bin überhaupt nicht der Typ, der mit Astrologie etwas im Sinn hat, aber das Verrückte ist, daß diese Mondknoten bei mir fast auf den Tag genau hinhauen. Das Verblüffendste ist bei mir der zweite Mondknoten, der auf die Woche genau mit dem Tod meines Vaters zusammenfällt. Sein Tod fiel genau in die Mitte einer dreimonatelangen Reise. Mit dieser Reise habe ich mich von einem ganzen Lebensabschnitt verabschiedet, bin auch umgezogen, und nach dieser Reise habe ich etwas Neues begonnen. Im Grunde habe ich zwischen zwei völlig verschiedenen Welten gewechselt. Ich kam aus einer sehr befriedigenden und harmonischen Berufswelt, das gleiche galt für Familie und Freundeskreis, und wechselte in eine neue Umwelt, die mir total feindlich erschien, in der die sozialen Kontakte auch gegen Null strebten. Und genau in die Mitte dieses Wechsels fallen sowohl der Tod meines Vaters als auch mein zweiter Mondknoten.

Allerdings glaube ich nicht, daß es für die Biographiearbeit besonders wesentlich ist, solche markanten Punkte oder Zyklen zu finden, aber bei mir war es eben so. Auf jeden Fall hat es mich angestoßen, auch im Zusammenhang mit der Anthroposophie Dinge für möglich zu halten, denen ich vorher sehr skeptisch gegenüberstand. Eine Folge davon war auch – und das hat bis heute angehalten –, daß ich mich seitdem sehr intensiv mit der Anthroposophie beschäftigt habe.

W.W.: Haben Sie während der Biographiearbeit auch solche Grundmuster aus Ihrem Leben herausgeschält, die sich zum Beispiel in Schwierigkeiten im Verhältnis zu anderen Menschen äußern, in Konflikten, die immer wieder auftreten?

Hans M.: Ja, das wäre zum Beispiel, daß ich immer wieder versucht habe, Probleme auf der sachlichen Ebene lösen zu wollen und sie wie ein logisches bzw. mathematisches Problem zu behandeln. Natürlich ist so etwas oft überhaupt nicht angemessen. Aber ich verlange in diesen Situationen von meinen Mitmenschen dann Konsequenzen, die sie überhaupt nicht bringen können und die man auch gar nicht erwarten darf.

Ich merke in diesem Moment, wo ich über diese Problematik nachdenke, daß sich dieses Konfliktpotential auch schon wieder an meinem neuen Arbeitsplatz zeigt, aber ich hoffe, daß ich diese Schwierigkeit jetzt weniger konfliktreich bewältige. Aber dieses spezielle Muster habe ich immer wieder, und es führt auch ständig zu Konflikten mit anderen Menschen.

W.W.: Haben Sie auch besprochen, daß man diese Muster verwandeln kann, daß die Schwierigkeiten in bezug auf andere Menschen schwinden, wenn man ein anderes Verhalten seinen Mitmenschen gegenüber an den Tag legt?

Hans M.: Ich bin in der Biographiearbeit diese Muster und Schwächen nicht direkt angegangen. Das wäre eher eine Anforderung gewesen, die ich an einen Therapeuten gehabt hätte. Ich kann das vergleichen, weil ich auch eine Therapie gemacht habe. Das sind zwei völlig verschiedene Vorgehensweisen, die beide ihren Wert haben und die man überhaupt nicht miteinander vergleichen kann.

W.W.: Was war in der Therapie anders?

Hans M.: In der Therapie war ich eher emotional betroffen, habe auch eher geweint bzw. mich emotional berühren lassen als in der Biographiearbeit. Im Grunde ergänzt es sich. Was bei der Biographiearbeit für mich herauskam, war, daß hinter dem eigenen Leben ein sehr bestimmender Sinn liegt; viele Dinge, die bisher isoliert voneinander Bestand hatten, paßten plötzlich zusammen. Und dieser ganzheitliche Zusammenhang hat mich sehr tief befriedigt. Allerdings wäre es übertrieben, wenn ich behaupten würde, daß es mir konkret geholfen hat, Schwächen bzw. Muster abzubauen.

Statt dessen habe ich dieses Gefühl der Befriedigung zu behalten versucht, daß mein Leben nicht ein reines Chaos, daß es nicht von dumpfen traumatischen Kindheitserlebnissen geprägt ist, daß nicht nur Zufälle in mein Leben getreten sind, sondern daß hinter diesen sogenannten Zufällen eine Persönlichkeit steht, die sich entwickeln will und die ihre eigenen Gesetze in sich trägt, so daß mein Leben nicht nur ein passiver Spielball ist.

W.W.: Wie hat sich diese Sinnfindung Ihrer Biographie auf Ihr Leben ausgewirkt?

Hans M.: Ich habe Momente in meinem Leben entdecken können, in denen diese innere Entwicklung nach außen getreten ist und ich diesen inneren Menschen wahrgenommen habe. Das ist in meinem Leben an wichtigen Momenten mehrfach geschehen. Allerdings ist es mir in diesen Momenten gar nicht bewußt geworden, sondern erst im Rückblick auf diese wichtigen Lebensereignisse. Von daher habe ich schon eine innere Gewißheit, daß es diesen inneren Menschen mit seiner eigenen Gesetzmäßigkeit gibt und daß er sich hin und wieder auch massiv zu Wort meldet. Daß dies nun gerade in Siebenerrhythmen geschieht, ist eher eine Kuriosität am Rande.

W.W.: Ihre Biographieberatung liegt nunmehr über ein Jahr zurück. Was hat Ihnen am meisten Anstoß gegeben, wenn Sie alles mit einem Jahr Abstand betrachten?

Hans M.: Das Wichtigste ist im Grunde die schon erwähnte Sinnfindung. Das andere ist sehr schwer in Worte zu fassen, zum Beispiel wenn ich etwas über den inneren und den äußeren Menschen sagen sollte. Den inneren Menschen habe ich immer den kleinen Hans genannt, dessen innerer und äußerer Mensch in der Kindheit eher zusammenfällt, was dann aber mit zunehmendem Alter weiter und weiter auseinanderging, bis schließlich der eine von dem anderen nichts mehr erfahren hat. Deswegen kann ich jetzt im Rückblick auf die Biographiearbeit sagen, daß ich eine gewisse Befriedigung habe, mit diesem inneren Menschen wiederum einen neuen Kontakt aufgenommen zu haben. Denn ich habe erkannt, daß dieser innere Mensch maßgeblich für meine Biographie verantwortlich ist, daß die einschneidenden Erlebnisse in meinem Leben keine Zufälle sind. Seitdem habe ich das Gefühl behalten, daß es wichtig ist, diesen Kontakt zum inneren Menschen nicht mehr abreißen zu lassen. Das hat mich auch ein wenig auf den anthroposophischen Schulungsweg geführt.

W.W.: Ich fand es sehr interessant, wie Sie dargestellt haben, daß in Ihrer Jugend der innere und äußere Mensch identisch waren und wie sie in zunehmendem Alter immer weiter auseinanderklafften. Würden Sie so weit gehen, daß Sie diese Diskrepanz heute und in Zukunft dadurch überwinden bzw. zumindest verkleinern, daß sie wesentliche Bereiche Ihres inneren Menschen, zum Beispiel Ideale, die Sie einst hatten, wieder erneut aus den Kräften Ihres inneren Menschen in Ihr Leben setzen, so daß dadurch der äußere Mensch wieder mit dem inneren zusammenstimmt, weil die maßgeblichen Impulse durch Ihre Tätigkeit, durch die Tätigkeit des inneren Menschen, initiiert werden? Also wollen Sie als Ganzheit wieder so werden, wie es Ihrem inneren Menschen entspricht?

Hans M.: Ja, damit ist eigentlich schon alles gesagt, denn das ist mein Ziel. Wobei ich auch noch bemerkt habe – vielleicht ist das auch noch ein wesentliches Lernresultat aus der Biographiearbeit –, daß man sehr viel Geduld mit sich braucht, daß ich diese Geduld früher nicht hatte und mir damit vieles verbaut habe. Deswegen habe ich auch gelernt bzw. etwas Vertrauen bekommen, daß sich gewisse Zyklen über längere Zeit entwikkeln müssen, daß man keine Sprünge machen kann, aber daß die Zeit der Reife auch kommen wird. Auch dies war ein wichtiges Resultat der Biographiearbeit. Ich hatte zum Beispiel Zustände in meinem Leben, die untragbar wurden, die aber Jahre anhielten, die sich dann schlagartig änderten, als von außen ein Wink kam.

W.W.: Das Schicksal kommt einem ja meist von außen entgegen, zum Beispiel durch andere Menschen. Ist es für Sie auch zum Impuls geworden, die Menschen Ihrer Umgebung – seien sie Ihnen nun sympathisch oder antipathisch gegenüber eingestellt – so zu betrachten, daß Ihnen durch diese ein Wink für Ihr Schicksal entgegenkommt? Haben Sie dafür den bewußteren Blick erhalten?

Hans M.: Ja, vielleicht. Es ist auch so, daß mich die Biographien anderer Menschen sehr viel mehr interessieren, obwohl es sehr schwer ist, darüber zu reden. Ich habe es mehrmals versucht, über die Erkenntnisse, die ich in der eigenen Biographiearbeit gewonnen habe, mit anderen Menschen zu sprechen, aber das bringt nicht viel, wenn man dies unvorbereitet vollzieht.

W.W.: Warum nicht?

Hans M.: Weil die Menschen es im Grunde selbst erleben müssen. Ähnlich ist es auch so mit der Anthroposophie: Wenn man nur eine von Steiner gelesene Stelle an die anderen Menschen heranbringt, so ist dies irgendwie zu dünn. Das ist ein Prozeß, der dauert lange, den muß jeder selbst durchmachen und den kann man nicht jedem Menschen einfach nur so vorsetzen.

W.W.: Können Sie noch einiges zum Unterschied der Psychotherapie und der Biographiearbeit darstellen?

Hans M.: Ich war bei einem älteren Therapeuten, der von der Transaktionsanalyse herkommt und mittlerweile verschiedene Methoden anwendet, ein Psychoanalytiker war er allerdings nicht. Dieser Therapeut hat so gearbeitet, daß man sich besonders in der Gegenwart wahrnahm, so wie man gerade im Moment befindlich ist. Das fand ich im Grunde auch sehr gut. Wenn es sich ergab, sind wir natürlich auch in die Tiefe und in die Vergangenheit zurückgegangen, aber die Ergebnisse waren dann immer nur mehr oder weniger zufällige Resultate.

In der Biographiearbeit hing es auch von meinem Willen ab, in welche Richtung wir gehen wollten, alles war mehr von meinem Bewußtsein getragen, auch wenn es mich hin und wieder gefühlsmäßig berührt hat, so daß ich auch dort habe weinen können; aber nicht so stark wie in der Therapie. In der Biographiearbeit würde ich auch nicht über alles reden, zum Beispiel nicht über sexuelle Probleme oder über gewisse Dinge, die sehr zu meiner Intimsphäre gehören. Aber das empfand ich auch nicht als Manko, denn darum ging es auch nicht in der Biographiearbeit. Beide Arten der Lebensbetrachtung haben für mich ihre volle Berechtigung.

W.W.: Fehlt Ihnen bei beiden etwas?

Hans M.: Ich weiß nicht, ob es sinnvoll wäre, Therapie und Biographiearbeit zu vermischen. Ich kann nur sagen, daß sich beides sehr gut ergänzen kann. – Wichtig an der Biographiearbeit ist, daß sie auch weitergeht, daß sie mit dem Abschluß der konkreten Gesprächsarbeit nicht beendet ist. Meine Biographiearbeit ging ca. sieben oder acht Mal je 1.1/2 Stunden, aber bereits parallel beschäftigte ich mich sehr intensiv mit entsprechender Literatur und habe dies auch bis heute beibehalten. Ich hätte auch Lust, mit anderen darüber in einer Gruppe zu reden. Das Schöne an der Biographiearbeit ist, daß man sie im Anschluß auch alleine weitermachen kann, während dagegen eine Therapie alleine fast undenkbar ist. Im Grunde mache ich die Biographiearbeit jetzt alleine weiter.

ERFAHRUNGSBERICHT – BIOGRAPHIEWORKSHOP
Marianne M. (40 Jahre)

Meine Biographie – ist die überhaupt für einen anderen von Interesse? Und: Ich erzähle auf jeden Fall nur, was ich *will!* Diese und ähnliche Gedanken hatte ich, als ich mich zu einem Biographieworkshop – ein Wochenende von Freitag bis Sonntag – anmeldete.

Im vorhinein hatte ich schon gehört: Es wird nicht analysiert – nur Bilder nebeneinandergestellt. Das war mir wichtig, denn mir grauste vor jeder Art von Deutung meines ach so komplizierten, aber dafür keineswegs eintönigen Lebenslaufs.

Ich war auch soweit aufgeklärt und hatte es selbst erfahren, daß ich die 28-, 33-, 35-, 37-Jahre-Krise bereits hinter mir hatte. Gestärkt durch dieses Wissen war ich nun gespannt auf den ersten Abend. Es waren zwanzig Teilnehmer, die sich zusammengefunden hatten. Wir wurden in Kleingruppen unterteilt, so daß jeweils vier Personen zu einem Gruppenleiter kamen. Nach einleitend-beruhigenden Worten kam die erste Übung: Wir erinnerten uns gemeinsam an unsere frühe Kindheit, ließen vor unseren inneren Augen Bilder auftauchen, Gerüche, Geräusche, und ich staunte, wie lebendig doch diese fernliegende Zeit wurde, wie ganz von selbst die Erinnerung hochstieg. Es wurde erlebt: Es ist alles noch in der Erinnerung da, das Vergessen ist ein Freisein von diesen Bildern im Wachbewußtsein. Durch das anschließende gegenseitige Erzählen der sehr unterschiedlichen Kindheitseindrücke konnten wir uns – als Teilnehmer des Workshops zunächst – ganz anders begegnen, als wenn wir uns einander vorgestellt hätten: in der Gegenwart lebende, in verschiedenen Lebensphasen stehende Erwachsene.

Es war schon am ersten Abend spürbar, an der Art, wie jeder interessiert zuhörte, daß so etwas wie wirkliche Zuwendung entstand.

Der Samstagmorgen begann mit einem Vortrag über Rhythmen im Leben, mit Eurythmie und einer weiteren Übung: das Erleben der Zeit um das 9. Lebensjahr. Nach der Mittagspause wieder Künstlerisches: Zeichnen und Bildbetrachtung – wieder mit Bezug auf das eigene Leben. Es folgten dann Erleben und Erzählen der weiteren Lebensabschnitte. Das Bild wurde so immer dichter, und dadurch, daß wir zu viert waren, schienen die Biographien zusammenzugehören: Das Menschliche einer Biographie war wohl der Grund dafür. Trotz aller Unterschiede war Gemeinsames zu entdecken: In der Zeit um das 20. Lebensjahr zum Beispiel ist etwas anderes „dran" und hat – rückblickend feststellbar – Bedeutung für das, was später kommt.

Bei allem Subjektiven, Einzigartigen in allen Schilderungen kommt es so von selbst zu einem Abstand zum Erlebten: Das eigene Leben kann so gesehen werden wie das des anderen. Das erweitert den Blick. Eine Ahnung von Freiheit kommt auf in der Gruppe, ohne daß das benannt wird, und Nachdenklichkeit, Erstaunen über das Vertrauen, das gegenüber Menschen möglich wird, die man vorher nicht kannte und vielleicht auch nicht wiedersehen wird.

Der Sonntagvormittag: wieder Vorträge und Bewußtmachen dessen, was da geübt wurde, und abschließende Übungen und Gespräche.

Ich kann sagen, daß diese sehr freilassende *und* persönliche Arbeit an der eigenen Biographie sehr hilfreich sein kann, nicht nur für den Krisengeplagten. Auch das, was „anthroposophische Gemeinschaftsbildung" genannt wird, könnte mit dieser Methode etwas lebendiger werden: vom Reden in die Übung kommen. Das Werten oder Beklagen eigener Erlebnisse wird erst dann aufhören, wenn der Sinn der Erfahrungen und der „rote Faden", der sich durch den Lebenslauf zieht, selbst entdeckt wird.

Aussöhnung mit dem eigenen Schicksal, mehr Toleranz und Achtung gegenüber dem Leben anderer könnten Folgen dieser Biographiearbeit sein.

Ausbildungen

Im folgenden weisen wir auf einige Ausbildungsmöglichkeiten zum Biographiearbeiter hin. Termine, Dauer der Ausbildungen, Kosten etc. sind unter den entsprechenden Anschriften zu erfragen.

GOETHEANUM, DORNACH

Zur Ausbildung mit Dr. Gudrun Burkhard am Goetheanum siehe das Interview mit ihr in diesem Heft, insbesondere nach der Zwischenüberschrift „Eine Ausbildung zum Biographiearbeiter" (Seiten 43 ff.). Anfragen für weitere Auskünfte sind zu richten an:

Freie Hochschule für Geisteswissenschaft
Medizinische Sektion
Goetheanum
CH-4143 Dornach

THE CENTRE FOR SOCIAL DEVELOPMENT, EMERSON COLLEGE

Das Centre for Social Development – ein Institut für Erwachsenenbildung – gehört zum Emerson College und liegt in Südengland, ca. 60 km südlich von London.

Es werden dort unterschiedliche Kurse angeboten. Ein Jahreskurs in „Social Development" (Sozialgestaltung), in dem das Arbeiten mit der eigenen Biographie seit jeher eine wichtige Rolle spielt. Ein anthroposophischer Schulungskurs, verschiedene Kurzkurse zu unterschiedlichen Themen, wie Biographie und Karma, Erwachsenenbildung, Organisationsentwicklung usw., und Wochenendworkshops, wie Biographieworkshops, ein „Midcareer Workshop" usw.

Seit 1988 gibt es auch eine Ausbildung in anthroposophisch orientierter Lebensberatung, in die eine Ausbildung zum Biographiearbeiter mit einbegriffen ist.

Die Ausbildung dauert über einen Zeitraum von drei bis vier Jahren. Sie findet in drei Blockkursen statt und richtet sich an Menschen, die bereits in einem sozialen Beruf stehen und nach einer Zusatzausbildung in Lebensberatung und Biographiearbeit aus der Anthroposophie heraus suchen.

Das Mindestalter ist 28 Jahre, Unterrichtssprache ist englisch. Block I dauert zwölf Wochen, Block II fünf bis sechs Wochen und Block III weitere vier bis fünf Wochen. Die Zeiten zwischen den Blöcken dienen dem Sammeln von praktischen Erfahrungen in der Arbeit mit Klienten und der Erarbeitung eines eigenen Forschungsprojektes.

Die zwölf Wochen von Block I sind in zwei Teilabschnitte aufgegliedert. Die ersten sechs Wochen finden dabei in enger Zusammenarbeit mit dem Jahreskurs statt. Schwerpunkt dabei ist die praktische Erarbeitung einer anthroposophischen Menschenkunde unter Berücksichtigung der Temperamente, Planetenkräfte, Rhythmen und Gesetzmäßigkeiten der menschlichen Biographie und Karmaforschung und eine Vermittlung von Verständnisgrundlagen und Methoden für das in unserer heutigen Zeit immer notwendiger werdende „helfende Gespräch".

Für Menschen, die nicht an einer vollständigen Ausbildung interessiert oder zeitlich dazu nicht in der Lage sind, werden einzelne Themen auch als zweiwöchige Teilkurse angeboten.

Die zweiten sechs Wochen von Block I sind mehr spezifisch beratungsorientiert und vermitteln eine vertiefende Auseinandersetzung mit Problemen und Fragen der geistigen Schwelle, denen wir heute zunehmend begegnen und in denen zahlreiche Krisensituationen und Fragestellungen zur eigenen Biographie ihren Ursprung haben. Dabei wird auch auf die Ich-Entwicklung, den Beratungsprozeß und auf Fragen eines inneren Schulungsweges für den Lebensberater und Biographiearbeiter eingegangen.

Block II baut auf den zwischenzeitlich gesammelten eigenen Erfahrungen der Teilnehmer/innen auf. Diese Erfahrungen im Beratungsgespräch mit anderen Menschen werden hierbei hauptsächlich im Spiegel der eigenen Entwicklung betrachtet. In der inhaltlichen und praktischen Arbeit geht es unter anderem um die Interaktion von Körper und Seele, das Erkennen und Arbeiten mit dem Doppelgänger und den Gegenkräften und um eine vertiefende Erarbeitung der in der menschlichen Begegnung wirksamen Kräfte.

Block III wird in Zusammenarbeit mit den Teilnehmer/innen der vorhergehenden Blöcke gestaltet und richtet sich nach den sich aus der praktischen Arbeit herausschälenden Fragestellungen und Bedürfnissen.

Die Tagesgestaltung innerhalb der Ausbildungszeiten beruht auf der jahrzehntelangen Erfahrung am Centre for Social Development in der Erwachsenenbildung, bei der sich eine Komposition von inhaltlichen Beiträgen unterschiedlicher Dozenten, Arbeit in kleinen Gruppen und künstlerischen Aktivitäten, wie zum Beispiel Eurythmie, Malen, Plastizieren und Rollenspiel, als lernförderlich bewährt hat.

Ausbildungskoordinatorin ist Anita Charton. Sie hat, bevor sie 1991 diese Aufgabe von Tijno Voors übernahm, in Deutschland als Psychotherapeutin gearbeitet, zuerst in eigener Praxis und dann als jahrelange Mitarbeiterin in einer stationären Einrichtung für drogenabhängige junge Menschen. Sie beantwortet auch gerne weitere Fragen.

Anschrift:

Centre for Social Development
Old Plaw Hatch House
Sharpthorne
West Sussex, RH19 4JL
England
Tel.: 0342/ 81 02 21

AKADEMIE FÜR SOZIALTHERAPIE, WUPPERTAL

Der Weg der Biographie – Biographie als Weg
Grundlagenkurs: Aspekte der Biographie und wegbegleitendes Gespräch

In Übungen des Denkens, Fühlens und Wollens an dem reichhaltigen Material, das die Teilnehmer in der eigenen Biographie finden, steht der übende Umgang mit sich selbst im Vordergrund.

Ziel ist es, sich selbst besser kennenzulernen, um auch „den anderen" besser zu verstehen, gemäß Steiners Wahrspruchwort: „Suchst du die Welt, so erforsche dein eigenes Herz. Willst du die eigene Seele kennen, so suche in der Welt nach allen Seiten."

Der Mensch als Selbstgestalter seines Schicksals

Vor diesem Hintergrund wollen wir versuchen, ausgehend von dem Menschenbild Rudolf Steiners, eine anfängliche Integration spiritueller, humanistischer und tiefenpsychologischer Menschenbilder (Steiner, Dürckheim, Rogers, Perls, Jung, Fromm) als gemeinsame Aufgabe anzugehen, im Zusammenhang der Frage nach Rhythmen, Hemmnissen, Krisen und Möglichkeiten biographischer Entwicklung. Die Offenheit der Frage, der individuelle und gemeinsame *Weg* ist konstitutives Element des Grundlagenkurses, ein Basiselement, das dogmatischer Festschreibung entgegensteht.

Methodenübergreifendes Denken, komplexes Wahrnehmen von Situationen und ihre kreative Strukturierung und Handhabung, wie auch die Kunst des Zuhören-Könnens sind bedeutsam.

Für Menschen, die Interesse an diesem Grundlagenkurs haben, sind das Interesse am anderen Menschen, am Du, Fragen an die eigene Biographie wie die Biographie des anderen, Offenheit sowie eine komplexe Sicht des Lebens erforderlich.

Dazu gehört die Akzeptanz der Notwendigkeit der Selbsterfahrung, der konstruktiven Auseinandersetzung mit dem eigenen „So-Geworden-Sein", das Erspüren der eigenen Dimensionen (leiblich, seelisch, geistig) wie das Aufsuchen von eigenen Möglichkeiten tieferen Verstehens des anderen Menschen, von Krisen und Chancen innerhalb der Biographie.

Grundthema der sieben Kurseinheiten:
Die Gestaltungskraft des Ich in der Biographie

Kurswoche I:	Auseinandersetzung mit der eigenen Biographie. – Wahrnehmung und Bewußtheit –
Wochenende II:	Begegnung mit mir selbst – mit dem anderen Menschen. – Helfen – Hilflosigkeit, Nähe – Distanz, Macht – Ohnmacht –
Wochenende III:	Selbstentwicklung und innere Schulung.
Wochenende IV:	Entwicklungsstörungen innerhalb der Biographie.
Wochenende V:	Der schöpferische Mensch. – Identität und Kreativität –
Wochenende VI:	Methoden des wegbegleitenden Gesprächs (Schauder, Rogers). – Empathie – Kongruenz – Akzeptanz –
Kurswoche VII:	Biographische Gesetzmäßigkeiten. – Abschied und Neubeginn als zentrale Begriffe für Werden und Wandlung in der Biographie –

Integraler Bestandteil der Kurswochen und der Wochenenden ist die fortlaufende, auszugsweise Beschäftigung mit Grundschriften Rudolf Steiners und anderer Autoren zum Thema „Biographie und Schulungsweg". Zusätzlich sind zwei Aufgabenstellungen vorgesehen:

a) Erarbeitung eines Referats als Auseinandersetzung mit einem Menschenbild oder einer Persönlichkeit.
b) Erarbeitung eines biographischen Themas eigener Wahl.

Inhalt und Methode eines möglichen Aufbaukurses können gemeinsam mit den Teilnehmern entwickelt und ausgestaltet werden.

Anschrift:

Akademie für Sozialtherapie
Am Kriegermal 3 a
D-5600 Wuppertal 23
Tel.: 0202/ 61 20 34

LEVENSLIJNEN, ZEIST

Berufsausbildung für Begleiterinnen und Begleiter von Biographiearbeit in Gruppen

Ziel	Lernen, den Entwicklungsprozeß von Menschen zu begleiten, welche in Gruppen an ihrer Biographie arbeiten wollen.
Lehrziele	*Fähigkeiten,* welche für den Begleitungsprozeß nötig sind, wie zum Beispiel: – wahrnehmen, zuhören, – Fragen stellen, – in Bildern erzählen und bildhaft beschreiben, – Beiträge charakterisieren. *Inhalt;* es geht hier hauptsächlich um die anthroposophische Menschenkunde, wie zum Beispiel: – drei- und viergliedriges Menschenbild, – Reinkarnation und Karma, – Luzifer und Ahriman. *Haltung,* wie zum Beispiel: – Respekt für die persönliche Biographie jedes einzelnen, – eigene Verantwortung tragen für den eigenen Lebenslauf, – Bewußtsein, daß man sich auch als Begleiter weiterentwickeln muß.
Lehrformen, Kursusentwurf, Methoden	In dieser Ausbildung wird hauptsächlich das Begleiten des Arbeitsprozesses in Gruppen von ca. 6 Personen geübt. Zudem werden die Referate verarbeitet, und Wahrnehmen, Zuhören und die Urteilsbildung werden geübt. Ferner werden auch nonverbale Übungen gemacht.

Die eigene Biographie der Teilnehmer wird als Übungsmaterial verwendet.

Teilnahmebedingungen Die Teilnehmer sollten bereits an einem Biographiepraktikum von Levenslijnen oder einem ähnlichen Lehrgang, in dem die eigenen Lebensfragen auf dieselbe Weise behandelt wurden, teilgenommen haben.

Minimalreife eines 35jährigen ist erwünscht.

Dauer Die Dauer der Ausbildung beträgt 30 Tagesteile (Morgen, Mittag, Abend), verteilt über ca. fünf Monate. Der Hauptteil der Ausbildung besteht aus vier Modulen von 2.1/2 Tagen, jeden Monat 1 Modul.

Dozenten Mieke Hamel, Willemien Rompa, Martin van den Broek, Jerry Schöttelndreier. Weiter leisten Gastdozenten aus anthroposophisch-medizinischen Kreisen spezifische Beiträge.

Anwendungen Einige Teilnehmer arbeiten bereits mit Biographiegruppen privat oder in Arbeitsorganisationen. Andere Teilnehmer arbeiten als Berufsbegleiter. Verschiedene Teilnehmer haben mit diesem Begleitungsinstrument ihre Professionalität erweitert, unter anderem Kunsttherapeuten, Psychologen, Sozialpädagogen, Organisationsberater usw.

Sprache Holländisch.

Anschrift:

Sekretariat Levenslijnen
Willemien Rompa
Valckenboschlaan 8
NL-3707 CR Zeist
Tel.: 03404/ 2 39 92

Anschriften

Akademie für Sozialtherapie
Am Kriegermal 3 a, D-5600 Wuppertal 23

Dr. Gudrun Burkhard
Artemisia, Rua Da Fraternidade 174
04738 Sao Paulo, Brasilien

Centre for Social Development
Old Plaw Hatch House, Sharpthorne
West Sussex, RH19 4JL, England

Andreas Frister (Andrias)
Atelier Hof-Jungfried, D-5420 Lahnstein

Wolfgang Gädeke
Hofholzalle 25, D-2300 Kiel 1

Goetheanum
Freie Hochschule für Geisteswissenschaft
Medizinische Sektion, CH-4143 Dornach

Levenslijnen
Sekretariat, Willemien Rompa
Valckenboschlaan 8, NL-3707 CR Zeist

Prof. Dr. Peter Petersen
Frauenklinik der Medizinischen Hochschule, Abt. Psychotherapie
Pasteurallee 5, D-3000 Hannover 51

Michael Petrovic
Am Kriegermal 3 a, D-5600 Wuppertal 23

Christine Pflug
Mittelweg 147, D-2000 Hamburg 13

Dr. Hans Schauder
über Mathias Wais

Klaus Schröder
c/o Rudolf Steiner-Schule
Mergelteichstr. 51, D-4600 Dortmund 50

Mathias Wais
Beratungsstelle, Hesseweg 24, D-4600 Dortmund 14

Carl-Thomas Wiese
Dorfstr. 25, D-2733 Dipshorn